飯田未希

非国民な女たち

戦時下のパーマとモンペ

中公選書

目次

第Ⅱ部　モンペと女性ファッション

※本文中の引用文は旧漢字・旧かなを新漢字・新かなに直したほか、読みやすさを考え、表記を変更した箇所がある。また、引用文中の〔　〕は筆者による挿入を意味する。

非国民な女たち　戦時下のパーマとモンペ

序章　繰り返された「パーマネントはやめましょう」

ここに一枚の写真がある。小平の村役場の正門前で一九四一年（昭和一六年）に撮影されたもので、軍服のような制服を着た女性たちの姿が写っている（図序-1）。女性たちがはいているズボン（モンペではない）は当時「スキーズボン」と呼ばれた形で、ゆったりとした、裾を絞るシルエットだ。[1]「非常時服」などと呼ばれ、婦人雑誌で作り方が紹介されていた服装と同じだ。女性たちの髪形は、八人の内、四人がパーマネントスタイルをしている。左から三人目、五人目、六人目、八人目（右端）の女性は、前髪が巻き上がって、横から後ろはウェーブが伸びてもしゃもしゃした状態になっている。

日中戦争が始まった一九三七年以降、総動員体制が敷かれる中でパーマネントが「禁止」になったことはよく知られているが、この写真の女性たちの半分は一九四一年時点でパーマをかけている。男性の軍服に似た「非常時服」を着て、パーマをかけた髪形で整列する女性たちは、わたしたちが戦時と聞いてイメージする女性たちの姿とは何か根本的に異なっているのではないだろうか。

さらに、もう一枚写真を見てみよう。こちらは一九四四年、すなわち昭和一九年に撮影された小金井村女子青年団の音楽隊の写真である（図序-2）。出征兵士を見送る際に、各地区に作られた青年団が音楽隊を編成して演奏していたが、青年団員も出征してしまい、演奏を続けることが困難になったため、小金井村では女子青年団による音楽隊が編成された。[2]この女性たちの服装を見ると、小太鼓を持っている女性二人はブラウスとスカートのスタイルで、二人ともスカート丈は短く、ひざ小僧が見えている。また大太鼓を叩くポーズをとっている女性二人も、ひざから下は素足が出ている（大太鼓に隠れて、スカートをはいているのかどうかは確認できない）。また右端で横笛を吹いている女性は半袖のブラウスに細いベルトをしたワイドパンツをはいている。左から二番目の横笛の女性がモンペのようなズボンをはいている以外は、洋装である。髪形は不鮮明でわかりにくいが、左から三番目の大太鼓の三つ編みの女性以外は、当時「木炭パーマ」と呼ばれたコテで型をつけた髪形のようである。比較的見やすいところでは、右端二人の女性の前髪が盛り上がっているように見え、これはおそらく木炭パーマであろう。左から四番目の女性は前髪も後ろの髪もかなり巻いていているように見える。

（上）図序－1　小平村役場正門前（1941年）
（下）図序－2　小金井村女子青年団（1944年）

1　パーマをかけた洋装の女性たち——一九四三年

「獅子みたいな髪形」の学生たち

戦時期の女性たちの典型的なイメージは、まっすぐな髪を後ろで束ね、モンペをはいた姿だろう。パーマネントが「禁止」され、モンペが「強制」されたということは、戦時体制の監視と抑圧が生活の隅々にまで行き渡った極めて象徴的な例として記憶されてきた。確かに、「パーマネント禁止」は日中戦争が始まった一九三七年の国民精神総動員中央連盟（以下「精動」）の精神作興運動の委員会で決議され、大日本国防婦人会（以下『国防婦人会』）などの各種婦人団体もそれに賛同して、地域での反対運動を始めている。またモンペは、一九三七年頃から盛んに行われるようになった地域の消火訓練や防空演習で女性たちが自主的にはくようになり、[3]「戦時に相応しい服装」として新聞などのメディアでも盛んに取り上げられた後、厚生省によって一九四二年に制定された「婦人標準服」の「作業衣」として公的にも認められた。[4]一九四二年頃からは防空演習で着用されるだけでなく、地方の女学校では制服になったところもある。

しかしながら、このように「戦時に相応しい」髪形や服装が公的に「決定」されたということは、多くの女性たちがこのような決定に従ったということを必ずしも意味しない。実際には、現在わたしたちが想像するよりもずっと多くの女性たちが戦争中にパーマをかけ、スカートをはいておしゃれを追求していたようである。これは太平洋戦争が始まり、人々が耐乏生活を強いられていたとされる時期においてもそうであった。

ここで、大日本婦人会本部生活部長であった土佐林テルが、一九四三年に文化服装学院で行った講演を見てみたい。大日本婦人会は国防婦人会、愛国婦人会など、各種婦人団体が合同して作られた組織である。文化服装学院は当時日本最大の洋裁学校であった。戦時期、特に一九四一年から一九四三年の三年間が戦争終了以前の学生数のピークであり、毎年三〇〇〇人以上の主に女子学生を受け入れていた。[5] 戦前の洋裁教育の一大拠点であった文化服装学院で、土佐林は学生に以下のように説いている。

あまりにもけばけばしい派手な服装をすることは、この際ぜひ遠慮して頂きたいと思います。こういうことを申し上げてはどうかと思いますけれども、戦地から帰還された将兵の方々が都会の婦人達の華やかな装いをご覧になって、自分等の戦場における血みどろの働きに対して、銃後婦人の心構えは斯くの如きであったかと慨嘆せられた向きもあったかと承ったのでありますが、私ども女性としてまことに恥じ入る次第で、そこに銃後の女性の緊張味を盛った服装ができなければならないはずだと思います。（中略）

パーマネントをかけて獅子みたいな髪形でなければ女性美が出ないということはないでしょう。皆様方のお母様はきっと米英式でない、純日本的な女性美をお持ちでしょうと思います。

その真似をなすって頂きたいのであります。[6]

一九四三年になってもなお、土佐林は学生たちに「あまりにもけばけばしい派手な服装」や「パーマネントをかけて獅子みたいな髪形」にしないよう、注意しなければならなかった。「皆様方のお母様はきっと米英式でない、純日本的な女性美をお持ちでしょうと思います。その真似をなすって頂きたい」と学生に呼びかけているということは、裏を返せば目の前にいる学生たちは「米英式」の女性美、すなわち「獅子みたいな髪形」のパーマネントにしているということである。

このような状況は文化服装学院だけの特殊な状態ではなく、同じく戦時期に学生数を激増させ、全国的な名声を博していたドレスメーカー女学院でも同様であった。院長の杉野芳子は戦後に出版した自伝で、学生のパーマについて以下のように回想している。

パーマネントでも、ちょっとした思い出があります。地方から入学してくる生徒は、上京するとまずパーマをかけるのが慣例なので、時局柄かける前に止めなければと、「皆さん、パーマはかけないように」と申し渡したところ、なんと翌日、いっせいにかけてきているではありませんか。

「いったいこれは、なんとしたことか……」

驚きはしたけれど、私は怒るより感動していました。彼女たちはけっして反抗したのではないのです。戦争だからもうこれからはかけられないのだ、これが最後だ、と思うとかけずにはいられなかった若い女性のおしゃれへのいとおしみ……。これはけっしていけないことではない、いじらしいとさえ思ったからでした。[7]

洋裁に憧れて地方から上京してきた学生は、まずパーマネントをかけるというのが「慣例」だったという。パーマネントをかけて洋服の作り方を学ぶ女性たちが、一九四〇年を過ぎた時期になっても、減るどころか増加していたというのは、「パーマ追放」と「モンペの強制」としてイメージされる戦時の女性たちの姿とはフィットしない。これは、洋裁学校という環境の特殊性のためであろうか？

一九四三年の『婦人画報』には「陸軍東京経理部へ勤労奉仕した感激　文化学院生徒に聞く」という座談会が掲載されており、座談会に出席している文化学院の学生たちも全員パーマネントの洋

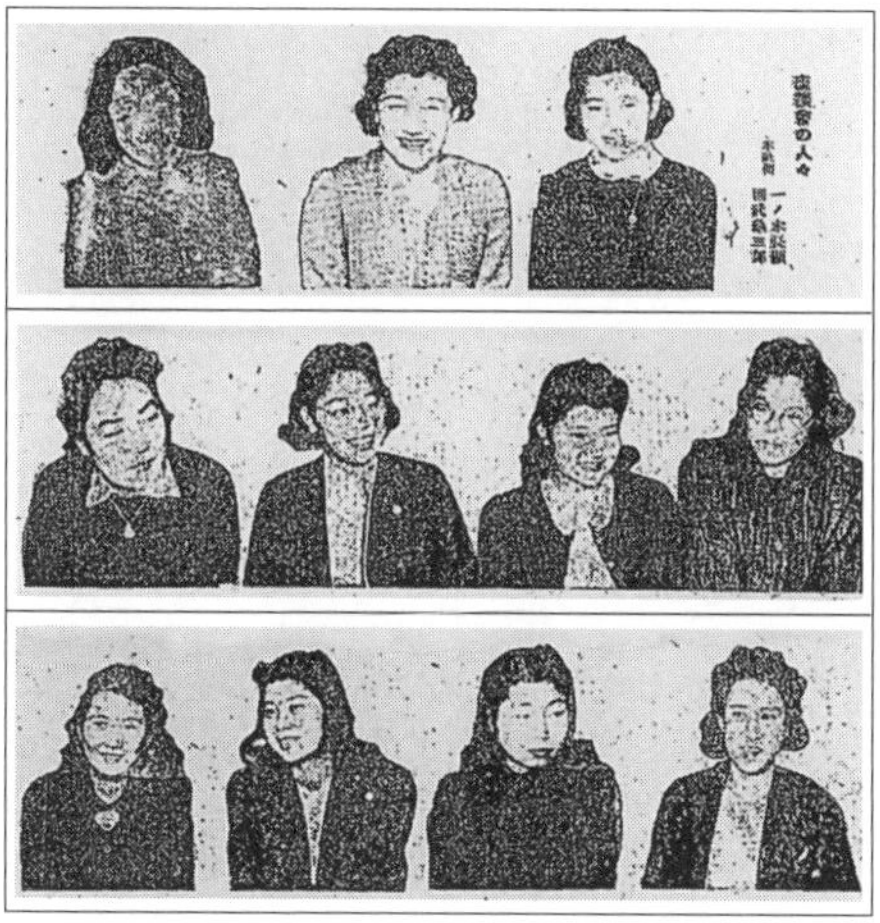
図序－3　パーマネント姿の文化学院生（1943年）

装姿である（図序－3）。また一九四三年に上京し、第二早稲田高等学院に入学したある男性は日本女子大の女学生と新宿でデートしたが、相手は『モンペ』ではなくワンピースやスカートをまとっていた」と回顧している。[8] 文化学院や日本女子大といった、女性としては当時もっとも高いレベルの教育機関で学んでいた女性たちは、パーマネントをかけ、「ワンピースやスカート」でいることが、少なくとも東京では当たり前であったようである。

パーマネントをかけると能率が上がらない？

では彼女たちより経済的に恵まれない女性たちはどうだったのか？　日本鋼管など京浜工業地帯の重工業の工場は、この時期、それまで雇用していなかった若い女性たちを事務員などとして採用するようになっていたが、『読売新聞』によると、「京浜工場街」では一九三八年一二月、一斉に「パーマネントウェヴ嬢お断り」の声明を出した。[9] パーマネントをかけている女性事務員は、かけていない者よりもトイレに行く回数が多く、事務の能率が上がらないということが、工業地帯の「各会社の労働能率統計表」によってわかったという。それがパーマネントをかけた女性を各社が受け入れ拒否した根拠であるとこの記事は述べている。この調査の信頼性自体には疑問が残るが、このように調査の対象にしなければならないほど、工場地帯で働く女性たちにパーマネントが目立って増えていたということであろう。

また厚生省工場監督官補として女性が働く工場の視察を行っていた谷野節は、一九四〇年一月の『朝日新聞』で、女工たちが求める作業服について述べている。工場労働の危険性、防寒、活動性を勘案すると「モンペが比較的欠点が少ない」という結論になるが、「モンペは女子の美的な欲求を満たすだけの形や色合の整ったものがない」ために、工場の作業服として取り入れるのは不可能だという。谷野は女工たちが洋服形式の作業服をいかに大切にしているかを次のように観察している。

現在工場の女工たちが作業服やスカートのヒダのピーンとよく手入れされたものを好み、勉めて洋服でも何でも綺麗にしているのは、外の世界の人が想像もつかないほどだから、今日これ等の女工たちの衣服を創案するにはどうしてもこの女子特有の心理を十分理解していなければ全然失敗に終わるに違いない。[10]

大正末から昭和初期にかけて全国で女学校の制服が洋服形式（スカート）になるが、それと並行して、繊維関係の比較的待遇のよい工場では洋服形式の作業服を取り入れる例が多くなっていた。[11]作業着としてのスカートは機械に挟まれるなどの危険性もあり、谷野も「現在の形式のようにヒダが多く、余りヒラヒラしたものはやはり困る」と述べている。またスカートのヒダを多くとるということは、それだけ布地を多く使うということであり、作業服の価格も上がる。実際の作業服代を負担したのが雇用主か女工たちかはこの文章では不明だが、作業に必ずしも適当ではないほど「ヒラヒラ」したスカートをわざわざ女工たちは作業服とし、そのヒダを「ピーン」と保つよう手入れしていたというのである（図序－4）。

谷野が視察した一九四〇年前後の工場で、女工たちはパーマネントをかけ、スカートの美しさに気を使っていた。そしてモンペは「美的」ではないため、工場で働く女性たちは受け入れないであろうと谷野は結論している。パーマネントの洋髪でスカートをはくという洋装スタイルは、洋裁学校や女子大の学生など高学歴で比較的裕福な女性たちだけではなく、工場で働く女性たちの間にも定着しつつあった。戦時中に若い女性たちが考える「女性美」は、「パーマの洋装」としてイメージされるようになっていた。

図序－4　スカート姿の工場の女性（1939年頃）

戦時期にはいなくなったと思われていたパーマネントをかける女性たちが実際には多く存在し、また、モンペは「戦時に相応しい服装」として喧伝されたにもかかわらず、戦争末期まで着用は広がらなかった。[12] 反対運動があってもパーマネントをかけ、「米英的」と見られてもスカートをはき続ける女性たちがいた。いわば「戦時に相応しくない」服装や髪形を、すべてではないにせよ、多くの女性たちが「おしゃれ」という基準から求め続け、こだわり続けたという状況があったと考えられるのである。これは、なぜなのだろうか。

2　なぜ、女性の服装がこれほど社会的な問題になったのか

パーマネント——批判されても人気は衰えず

戦時期には、パーマネントをかけ、ワンピースやツーピースを着て街を歩く、若い女性の洋装姿が急激に増加した。この時期までに男性の洋装化は進んでおり、都市部のホワイトカラー職業者、また工場労働者など、男性の洋服姿は当たり前になりつつあった。これに対し、この時期に増加傾向にあった洋服姿の女性たちは、「社会問題」と見られる場合が多かった。例えば一九三八年一一月の『読売新聞』の「読者眼」には、「一運転手」と名乗る男性が「無礼な女」という文章を投稿している。この男性は自動車の運転手であり、「今事変〔上海事変〕で尊い護国の英霊となられ無言の凱旋をされた勇士の遺骨をお乗せ申し上げる光栄には数度浴した」が、そのたびに「憤懣やる方ない思いを若い女性に対して懐かせられた」と述べている。

世田谷の自動車学校から東京全市へお送り申した時には、五十台余の車が渋谷まで揃って人の歩くほどに徐行して出た。工事中の人夫の方もシャベルや鍬を投げ出して、泥だらけの手に帽子をクシャクシャに握りしめて丁寧に頭を下げられた。小僧さん方も自転車を下りて敬意を

表された。

それに引き換え、女の方は、「あッ又来た来た」といったお祭り騒ぎ。もっともこれはお神《（ママ）》さん連だ。ごく少しだったけど、甚だしいのはインテリ面の洋装女、または美しい着物を着た中流以上の女。ちょっと常識では考えられない態度だ。五十台もの車が粛々と進むのに、彼女等には忍び歩きの猫ぐらいにしか感じないらしい。

有識階級の女性はなぜこうも無礼にして非国民的なのであろう。教育程度の低いと思われる人達の方がはるかに礼儀を知り、愛国心に富むように感ぜられるのは、あえて私のひがみではない。

またニュース映画で宮様方の御尊影をたびたび拝するが、その時西洋かぶれらしい洋装娘が、キャラメルか何か知らないがグチャグチャ嚙みながら、また向うの方では話に夢中で、御尊影は横目でといった恐れ多い態度の女をたびたび見る。こういう手合いはニュース劇場へ行くごとに必ず十組も二十組も見る。[13]

上海事変の「英霊」の遺骨を乗せた車が横を通り過ぎても「インテリ面の洋装女」や「美しい着物を着た中流以上の女」はまったく敬意を払う様子がない。そしてニュース映画館では「西洋かぶれらしい洋装娘」が「キャラメルか何か知らないがグチャグチャ嚙みながら」自分たちの話に夢中になっており、皇族の「御尊影」をまともに見ることもしないという。

この運転手の投稿で注目したいのは、女性たちの行動と外見との関連付けである。この男性は、戦死者に対しても「御尊影」に対しても敬意を払わない女性たちの行動を「無礼にして非国民的」と見ている。同時に彼は、そのような女性たちを「インテリ面の洋装女」「美しい着物を着た中流以上の女」「西洋かぶれらしい洋装娘」と呼び、女性たちの外見に強く焦点を当てている。言い換えると、「洋装女」や「美しい着物の女」は「非国民的」であるという、外見と行動を結びつける単純化されたロジックが存在している。一種のステレオタイプである。このような見解はこの運転手の男性に特殊なものではなく、当時社会的に形成されつつある女性に対する見方だった。

一九三七年に日中戦争が始まって以降、女性の外見は社会問題として取り上げられるようになった。パーマネントをかけた女性、派手な化粧をした女性、最新流行のスカート姿の女性、派手な和装の女性などが「奢侈的」「享楽的」と名指しされ、新しくできた精動本部に属する男性や女性指導者層、各種婦人会の女性たち、そしてメディアから一斉に批判を受けるようになった。

この中でも特に、パーマネントは真っ先に批判のターゲットになった。一九三五年頃に国産機が導入されることで低価格化し、大流行し始めたからであろう。精動は一九三七年七月、精神作興運動の委員会によって「パーマネント禁止」の決議を出して以降、その後もたびたび女性の「パーマネント禁止」を決定している。また街頭での婦人会によるパーマネント禁止の呼びかけも全国各地で繰り返し行われ、パーマネント禁止のポスターが街のあちこちに貼られた。子供たちが美容院の前で「パーマネントはやめましょう」という歌を歌っていたことも、各地の美容師が記録している。

流行の婦人帽子やハイヒール、化粧、また流行柄の和服を着ている女性も「奢侈的」として批判の対象となった。精動婦人部はたびたび銀座のデパートで「監視活動」を行っており、買い物に来る女性たちの奢侈的なファッションをメディアで糾弾している。このような指導者層の女性たちの声の高まりの中で、「贅沢禁止令」や「七七禁令」と呼ばれた「奢侈品等製造販売制限規則」が一九四〇年に発布され、西陣織など「奢侈品」とみなされた高級衣類の製造や販売が段階的に停止された。戦争中に「パーマが禁止された」「モンペを強制された」という多くの回想は、このような女性の外見を問題とするさまざまな批判や規制から生まれた実感であろう。

図序-5　美容院の前に行列する女性たち（1940年年末）

しかしながら、驚くべきことに戦争が進んだ一九四三年の大日本婦人会の大会においても、まだ「パーマネント絶対禁止」が決議されている。これだけの禁止や反対運動にもかかわらず一九四三年の時点で再度禁止を呼びかけなければならないというのは、どういうことか？　むしろ、たび重なる禁止は実効性を伴っていなかったということだろう。実際、精動による「決議」は、国民精神総動員運動という官製運動の運動方針を決定しただけであり、禁止のための法的根拠はなかった。このため、実際にはパーマネントを続けた業者がほとんどであり、また女性たちも婦人会の呼びかけにもかかわらず美容院に通っていた。

大阪などの大都市ではパーマネント機を一〇台以上も設置した大規模美容院も出現しており、順番待ちをする女性たちで店の前には行列ができていた[14]（図序-5）。一九四三年に電力制限令が出され、多くの地域で業者の自主回収によりパーマネント機を使うことが不可能となった後は、電気を使わずにパーマネントをかける「木炭パーマ」と呼ばれた道具が、東京だけでなく日本各地で出回った[15]。この木炭パーマというのは、ほとんどの場合は熱で髪にウェーブなどの形をつける「コテ」であり、パーマネント流行以前からあった技術である。このコテを熱する熱源として木炭を使ったため、戦争末期には木炭を持って店の前に行列を作る女性たちがあちらこちらで見られるようになった。パーマネント機は使えなくなっても、パーマ風の洋髪自体は作り続けられたのである。

洋服――買えないなら作ればいい

同じことは、女性の服装でも起こっていた。若い女性の振袖姿が「奢侈的」として批判されるとともに、女性の洋服姿も問題視されるようになった。一九四〇年の奢侈品等製造販売制限規則と並行して、精動本部は「贅沢品全廃運動」を呼びかけた。この運動では贅沢品を「排撃」して

街に敵性《アメリカニズム》風俗横行

カメラが描く "恥ぢよ銃後!"

どこに戦爭?

呆れた銀座街頭

図序－6　アメリカニズム排撃をうたう記事（『読売新聞』1941年12月24日）

「簡素で健康な戦時生活実現」が目標とされ、「洋裁学院」など「殷賑産業地帯に関係深い教育機関」に対して「母姉会、同窓会を通じ贅沢全廃をはかる」こと、また美容院や百貨店等に「時々視察員を派遣する」ことが定められた。[16]

特に一九四一年末にアメリカなど連合国との戦争が始まってからは、ファッショナブルな女性の洋装は「米英的」として激しく非難されることが多くなった。例えばメディアで活躍していた社会学者の今和次郎は、総動員体制下で結成された興亜写真報国会を指導して、銀座街頭のアメリカニズムの排撃に乗り出している。[17]「にがにがしいアメリカの植民地的風俗、生活諸情景」を撮影し、展覧会や雑誌で提示するという。このような「アメリカニズム」の例としてあげられているのは女性の洋装姿である。銀座の服部時計店の前で「文字通り髪の毛を鳥の巣にしあくどいドーランをぬりつけた十七、八の女が派手なハンドバッグをふりふり人待ち顔」の姿や、ダンスホールのそばの「絶対着てはいけないはずのテンの毛皮をきたお化粧の化け物のような女」などが、『読売新聞』の記事では「実例」として紹介されている（図序－6）。

「贅沢品の排撃」では女性の豪華な和装も非難の対象となったが、この「アメリカニズム」や

「アメリカ臭」の排撃が盛んになると、女性の洋装に批判が集中するようになった。当時日本の洋装を牽引する洋裁学校の一つであったドレスメーカー女学院長の杉野芳子は、「美しい人が、見るからにすっきりとした服装をしていると、それをアメリカニズムだと指弾きされる場合が多いのです。これも間違った考え方なのです[18]」と述べ、アメリカニズム批判が女性の洋装全体を敵視する風潮を生み出していると指摘している。

女性の洋装に対する批判の高まりに加え、一九三〇年代後半に強められた洋服地の軍需優先政策や一九四〇年の奢侈品等製造販売制限規則、一九四二年に始まった衣料切符制度などの諸政策により、デパートや洋品店で婦人服を新調することが難しくなった。女性たちが洋服を入手できる場は、戦時を通じて減少し続けた。

では、女性たちは洋装しなくなったのか、洋装に関心がなくなったのかというと、そうでもないようである。店で洋服を入手しにくくなった後、多くの女性たちが向かったのは洋裁学校であった。女性向けの洋服において既製品が中心になるのは、一九七〇年代である。それまでは仕立て屋やデパートで作るオーダーの洋服が主流であった。洋服が買えないなら、自分たちで作ればよいということだったのだろうか。冒頭で紹介した東京の文化服装学院は一九三〇年代半ばから学生数が急増し、四三年にはそれまでで最高の四〇〇〇人弱の在校生数となった。[19]同様の傾向は他の有名洋裁学校でも起きており、同じく東京のドレスメーカー女学院も毎年一〇〇〇人以上の入学者を受け入れるようになっていた。現在のように申込期間が厳密でなかったためか、一九四二年秋には翌年四月入学志望者が殺到したため、翌年度の願書受付を秋の時点で断ることになってしまった。院長の杉野芳子は、同窓会誌で以下のように状況を説明している。

四月入学期に締め切りとなって入学できないことを恐れてこの春以来すでに四月入学の願書が殺到いたしておりましたが、そのせいもあって、十一月の声も聞かないうちに定員に達して締め切ってしまいました。受付ではもう今から入学をお断りするのに大わらわだそうでございます。[20]

ドレスメーカー女学院や文化服装学院などの著名な学校は植民地を含めた全国から学生を集めており、それらの学生は帰郷した後に各地のファッションリーダーとなった。そして重要なのは、これらの学校を卒業した女性たちが単に自分の洋服を作っただけではなく、頼まれて人の服を作ったり、学校や塾を開く場合も多かったということである。実際にこの時期は洋裁学校数自体も増えており、また学校としては登録されない私塾的な洋裁教室も多数あったと思われる。[21]「アメリカニズムの排撃」など、女性の洋装に対する過激な取り締まりが行われ、それをメディアも伝える一方で、女性たちがそのような批判を受け入れていたかというと、むしろ逆の状況が生まれていたとも見えるのである。一般に知られているように女性の外見が戦時中に社会問題化され非難されただけではなく、それに対して「抵抗」する女性たちが思いのほか多く存在していたこともわかる。

普及しなかった婦人標準服

では、この時期に女性たちの外見を批判していた精動の男性および女性指導者たちは、「禁止」ではない、ポジティブな形で「戦時に相応しい女性の服装」を提示することができていたのだろうか。

戦時期、女性の外見に対する批判は「べからず集」であった。パーマネントはダメ、振袖など「華美な和装」はダメ、アメリカ映画の女優のような服装もダメ、ハイヒール禁止、口紅禁止、と禁止事項が羅列されていく。注意すべきは、パーマや洋服を禁止した代替案は非常に「非活動的」であり、女性の活躍を求める総動員期の風潮とは逆行するものだったという点である。

例えば、パーマネントをやめた場合、女性たちにはどのような髪形が選択できたのか。一つの選択は、何と日本髪であった。特に既婚女性の髪形の定番であった丸髷《まるまげ》は、関東大震災後の東京では減ったが、それ以外の地方都市ではまだ結われていた。[22] また当時の中年以上の女性には「束《そく》髪《はつ》」と呼ばれた髪形が結われることもあった。これは明治の鹿鳴館期（一八八〇年代後半）に「活動的」な髪形として提唱された西洋式の髪形であるが、[23] 実際には美しく整えるために入れ毛をして毛を足す必要があり、高度な技術を持つ日本髪系の髪結が結う髪形として定着した。しかし、日本髪、束髪とも結い上げることを前提とした長髪である。これらは美的ではあるが、髪形が壊れることを恐れて女性たちは非活動的になりがちであった。

これ以外に女性の「短髪」として当時の女学生はおかっぱ頭（ボブスタイル）にすることが増えていたが、成人女性の髪形としてボブのような長さの髪形はまだ認められていなかった。コテでウェーブをあてる洋髪も大正末に登場していたが、洗うとすぐに取れたため、頻繁にコテをあてる必要があり、女中や家族でコテを扱える器用な人がいない限りは美容院に頻繁に通わないと髪形が維持できなかった。髪形が長持ちしてしかも比較的短髪であるパーマネントは、洗髪が容易であり、また髪を整える手間もいらないという意味で、活動的、衛生的、合理的という近代化を志向する当時の精動の価値観にはもっともフィットした髪形であった。しかしながら、パーマネントは否定されたのである。

同じことは、洋装でも起こっていた。華美な振袖はダメ、流行の洋装もダメ、とすると残るのは何なのか。では地味な和服ならよいのかというと、そうでもなかったのである。関東大震災や昭和初期の日本橋の白木屋デパートの火災事故の後、女性の和装は「活動的でない」という批判が起きるようになった。特に当時の女性の和装の下着は腰に巻き付ける布（腰巻）だけであったので、現在のショーツのように陰部を覆うものではなかった。このため、女性たちは裾が開くことを常に気にかける必要があった。また明治以降の女性の和服の着方は帯が高い位置になり裾が長くなったため、社会が近代化しているにもかかわらず、以前よりむしろ非活動的になっていた。和服は「華美」でなくても、「戦時に相応しい」とは言えなかったのである。

このように女性たちに流行したパーマネントやおしゃれな洋装、豪華な振袖などが次々と禁止される中で、一九四二年に「婦人標準服」が国によって提案された。戦時にふさわしい「正しい」服装が、初めて明示されたのである。すでに国により男性向けの「国民服」が制定されていたので、その女性版であった。男性版では洋服型のみであったが、女性版では洋服型（スカート）の甲型と和服型の乙型があった。洋服型は前合わせがボタンではなく和服の前合わせのように上下に斜めに布を重ねるようになっていた。服装を決める際に洋裁専門家などの懇談会で「日本的」な要素を取り入れることが主張され、このような形になったのである。しかしながら、実際に女性たちが標準服を作って着用すると、この前合わせがうつむいたときに開くので、胸回りが気になって「動きづらい」という批判が出ている。

結論から言えば、この婦人標準服は普及しなかった。女性たちが標準服を着ることは義務ではなかったため、政府がデパートやメディアなどを使った大々的な宣伝活動を行ったにもかかわらず、女性たちは着用しなかった。婦人標準服は流行しなかったのである。

3 「洋装美」という新しいおしゃれの基準

洋装の広がり

本書で示したいのは、このようにさまざまな批判にもかかわらず、政府や女性指導者層が推奨する「正しい」服装に興味を示さず、むしろ批判されるような服装を求め続けた女性たちの姿である。

コテであてるウェーブの洋髪やその延長線上にあるパーマネントは、昭和初期には非常に高価で、一部の女性たちしかかけることができないものであった。それがパーマネント機の国産化が可能になり低価格化が進んだこともあり、この戦時期により幅広い階層の女性たちがパーマネントを求めるようになった。その結果、「非国民」と言われてもパーマをかけに美容院に殺到する女性たちが各地で見られるようになったのである。

女性の洋装も同様に、昭和初期までは限られた女性たちのものであった。日常的に洋装する上流女性以外に洋装をしていたのは、車掌など制服を着る女性や、洋装の制服化が進んでいた女学校の学生であり、女性の洋装は社会的地位や職業と強く結びついていた。

都市部の庶民の女性の間では「アッパッパ」と呼ばれた体のラインにフィットしないワンピースも流行していたが、これは基本的には「室内着」であり、外出などにふさわしいおしゃれな服装とは考えられていなかった。これに対し、戦時期にはそれ以前から流行していたワンピースだけでなく、「ブラウス＋スカート」や「ジャケット＋スカート」などのツーピーススタイルが、活動的かつ美しい洋装として、特定の階層や職業、地位に縛られない形で受け入れられていく。女性たちの間に「洋装美」という基準が作られつつあった。

さらに重要なのは、このような洋装美に対する感覚が、都市部だけでなく、地方にも広がりを見せていたという点である。戦時期は都市と農村の格差が強く意識された時代であり、都市の消費文化は危機的な状況にある農村の困窮と対比され、パーマネントや女性洋服の流行など「奢侈的」な女性消費文化は女性の国民統合の妨げになるとも指摘されていた。[24] しかしながら、都市的な女性ファッションは地方に流入していた。パーマネント機は地方都市でも売れ続け、またパーマネント機が禁止されてから流行した木炭パーマも地方に出回ったため、女性客たちが店の前に行列を作った。そして、洋裁学校の卒業生たちは北海道から四国、九州まで全国各地で大小さまざまな規模の洋裁学校をスタートさせていた。「洋装美」という価値観は、戦時期にむしろ全国に広がっていた。

女性指導者たちの「戦略」

戦時に女性の外見が社会問題となったことは、明治以降の近代化の中で女性が置かれた立場の矛盾を極端な形で示している。従来の議論では、満州事変以降の日本社会は、国粋主義的な風潮の台頭など、社会の近代化に「逆行」したと捉えられる傾向が強かった。しかし近年では、一九三〇年頃から進められた総動員体制への準備と日中戦争開始以降の国家総動員法の発動による戦時総動員体制の確立は、むしろ戦後へと続く社会の近代化の「完遂」であると捉えられるようになっている。[25]

ヨーロッパでは第一次世界大戦時、徴兵制により多くの男性が戦場に向かったため、国内の生産力をいかに維持するかという点が課題として浮かび上がった。そうした状況で、国家の観点から「生産活動を支える存在」として女性が位置付けられるようになり、欧米の一部の国々では女性の参政権が認められた。多くの欧米先進国では「ミドルクラス以上の女性は外で働くべきではない」というジェンダー規範がまだ存在する一方、国家が第一波フェミニズムと呼ばれる女性運動を受けて女性の社会参加を認め、参政権を付与する流れも生まれた。[26]

日本では第一次世界大戦は部分的な参戦にとどまったため総動員体制は敷かれなかったが、この時期の官僚たちは国による資源管理や経済活動の管理をヨーロッパの実例から研究しており、女性は動員可能な人的資源の一つとみなされていた。そして、戦間期に準備され戦時期に一気に進んだ総動員体制の中で、市川房枝、奥むめおなどの女性運動指導者層や、吉岡彌生、大妻コタカなどの著名な女性教育家たちが精動で活動を始める。女性指導者の多くは大正末から昭和初期に盛り上がった婦人参政権運動に参加しており、欧米でフェミニストたちが第一次大戦中に国に協力したことが戦後の女性への参政権付与に結びついたという「成功例」を知っていたと思われる。

彼女たちは総動員体制の中で女性たちが積極的に協力することで、日本でも女性の「社会参加」が認められるようになることを期待していた。一九二五年に普通選挙権から「女性」が排除されたことにより闘志を燃やしていた女性指導者層の中には、戦時総動員を女性にとってのチャンスに変えるべきだという考え方をする人々も多かった。[27]

しかし、ではなぜ、女性の社会参加を進めようとした当時の女性指導者たちが、女性の外見の問題に拘泥したのか。これにはいくつかの次元の問題が関係している。一つには、「女性の社会参加」が「私領域の公領域化」という形で進んだという点が大きく影響している。[28]戦争で多くの男性が死んでいく中で、女性が子供を産むというこれまで私的領域に置かれてきた行為が国家的な重要性を帯びるようになり、「母性保護」を重要な課題の一つとする厚生省が創設された。女性指導者の中には女性たちの「工場動員」など、生産現場へ女性を組み込む施策を求める動きもあったが、[29]中流以上の女性たちの動員は未婚者に限られたし、挺身隊としての動員も義務化されたのは一九四四年八月以降であり、実際にはなかなか進まなかった。女性指導者たちの社会参加への希望にもかかわらず、総動員期の女性たちは私的領域にとどまることを推奨され、しかもそうすることが「公的な重要性」を持つとして称揚されるようになった。「皇国の母」となることが、女性にとってのもっとも重要な任務として位置付けられていた。[30]

このような女性の「私的領域」の活動の一つの典型が家計管理であり、女性の「節約」や「貯蓄」は「報国的」な活動として称揚された。「貯蓄報国」が叫ばれ、婦人会の女性たちが競って家々を回って廃品回収を行った。また地域の消火訓練や防空演習でも女性たちが主体となって活動し、モンペ姿で梯子を上ったりバケツリレーをしたりした。経済活動が制限される中で流通の中心となった配給にも、多くの女性たちが関わることになった。こうして、従来「私的領域」とされていたさまざまな日常的な活動が国家と直接結びつけられ、それに参加することが「正しい」とみなされるようになっていった。生活全体が「報国的」であるべきだという風潮の中で、女性たちがパーマネントのような流行の髪形や、贅沢な和服、洋服に身を包んでいることは問題視されるようになってくる。女性たちの社会参加を求めていた女性指導者たちにとって、女性が服装や髪形にかける時間やお金は「無駄」であり「不要不急」であった。女性たちのパーマネントや服装への関心は、「報国」に対置され、問題化されることになった。

外見と服従

しかしながら、女性たちの外見の問題というのは、このように女性を私的領域に閉じ込め続けると同時に、そこに公的な意義を賦与するという国家の方針の中で、それほど重大な問題には見えない。なぜ女性たちの外見の問題がこれほど熱を帯びて語られ、批判の対象となったのであろうか。これには人間の外見が社会の中で果たす役割という、別次元の問題が関わっている。

多くの社会は、外見に対する何らかの規制を行っている。[31] 身分制社会の多くでは特定の階級と特定の髪形や服装が結びついていた。したがって、低い階級の人間が高い階級の髪形や服装を真似ると処罰された。身分制的な厳格な外見と階級の結びつきがなくなった近代社会においても、学校、軍隊など所属する人々に特定の髪形や服装を指定して、従わない場合は処罰する組織が生まれた。男女で髪形や服装の規範が異なる場合も多かった。明治に男性の丁髷《ちょんまげ》が廃止になったが、同じように髷を落として髪を短くした女性たちは違式詿違《いしきかいい》条例違反として取り締まりの対象になった。[32]ズボンをはく女性たちは、欧米諸国で男性たちからの強い批判を浴び、笑いものにされた。

このような髪形や服装などの外見への強制は、現在の学校の校則や働く女性たちのハイヒールのように社則として明文化されている場合もあれば、ズボンをはく女性たちを笑いものにした男性たちのように暗黙のルールとして共有される場合もあった。明文化されたルールであれ、暗黙のルールであれ、ルールに違反した場合は処罰が下った。処罰は社会の中で強い集団が弱い集団に対して下す。外見のルールを守るということは、ルールを自分たちで決定することのできない弱い立場の集団に所属する人間にとっては「服従」の証を立てることであった。

戦時期に女性の外見は、これまで公領域から排除されてきた女性たちが国家のメンバーとなるために、外見を通じていかに「国民」としてふさわしいことを示すか、という問題となっていた。これは女性の社会参加を目指す女性指導者層には、特にそうだった。男性が「お国のため」に働くことは、比較的わかりやすかった。男性には徴兵があったからである。男性は徴兵され軍服を着て、髪形も指定された。国家への恭順を示すわかりやすい外見の指標があった。実際にはすべての男性が徴兵されたわけではないため、徴兵されていない男性たちには「国民服」という軍服に近い形の服装が提示された。この国民服も実際には戦争末期まで普及しなかったが、男性にとっての「戦時に相応しい服装」とは、洋服型の軍服に準じた服装であり髪形であった。

これに対し、女性たちには、そのような明確な「国家のため」の活動は存在しなかった。女性は徴兵されなかったし、戦時の軍需産業などへの動員も非常に限定されたもので、女性全体に当てはまるものではなかった。女性たちの国への恭順を視覚的に表現するための服装は存在していなかったのである。すでに見たように日本髪や和服は活動的ではなく、「戦時に相応しい」とはみなされていない。女性にとっての服装の「正解」がない状態で、「贅沢」「奢侈」「享楽的」など否定的な基準ばかりが独り歩きし、否定形を名指すことを通じて、あたかも「日本女性」に共通する外見的な基準があるかのような幻想を指導者層は作りだし、それにしがみついている状態であった。

本書で焦点を当てるのは、このような指導者層が推奨する「戦時に相応しい服装」に従わなかった女性たちや、彼女たちのある種の「抵抗」を支えた女性の外見作りに関わる職業の人々が戦時をどう生きたか、という点である。これまで見てきたように、現在認識されているよりも多くの女性たちが、戦時期に批判されながらもパーマをかけ、驚くほど短いスカートをはいていた。そして美容師、パーマネント機メーカー、洋裁学校教師、洋裁師などさまざまな人々が、女性の洋装を支えていた。パーマをかけて洋装で歩く女性たちの中には、街頭で「非国民」と面罵《めんば》されたものもいた。美容院に石が投げ込まれたり、悪口を言われたりという話も各地で残っている。戦時期の女性の洋装は、国家への恭順、すなわち自ら進んで国家に服従するという姿勢を女性たちが示していない証拠として受け止められていたのである。

それにもかかわらず、かなりの数の女性たちが洋装美にこだわり、その基準が戦時期に階層や地域を超えて広く共有され始める。女性たちはなぜ洋装美にこだわったのか、そして洋装美という基準はどのように階層や地域を超えて共有されていったのか。これが本書で考えてみたい点である。

1 寺沢一人監修『目で見る国分寺・国立・小金井・小平の100年』郷土出版社、二〇〇三年、七七頁。
2 寺沢前掲書、六五頁。
3 藤井忠俊『国防婦人会――日の丸とカッポウ着』岩波書店、一九八五年。
4 井上雅人『洋服と日本人――国民服というモード』廣済堂出版、二〇〇一年。
5 戦前の洋裁学校の多くは女子のみを学生として受け入れていた。
6 『服装文化』一九四三年六月号。
7 杉野芳子『炎のごとく――自伝』講談社、一九七六年、一七五頁。
8 BuzzFeed News「戦争に青春を奪われた。『地獄』を見た学徒兵、73年の葛藤」二〇一八年八月一五日公開。https://www.buzzfeed.com/jp/kotahatachi/waseda-univ-1945（二〇二〇年八月一九日閲覧）。
9 『読売新聞』一九三八年一二月一四日付。
10 「衣服改良の試案（3）冷えない工女服」『朝日新聞』一九四〇年一月二六日付。
11 中山千代『日本婦人洋装史　新装版』吉川弘文館、二〇一〇年。
12 モンペは実際には戦争末期の空襲が始まった時期に一般の女性たちに着用されるようになったと井上雅人は議論している（前掲『洋服と日本人』）。
13 『読売新聞』一九三八年一一月一九日付。
14 『しんびよう――美容百年記念号』新美容出版、一九六八年一二月号。
15 前掲『しんびよう』。
16 『朝日新聞』一九四〇年七月二一日付。

17 『読売新聞』一九四一年一二月二四日付。
18 『D・M・J会誌』一九四二年春号、一七頁。
19 入学者数、在学者数、卒業生数の正確な計算は難しい。当時の洋裁学校で多くの学生が通った「速成科」は三カ月〜六カ月程度で修了で、年に二〜三回入学式が行われる場合もあった。またドレスメーカー女学院では「速成科」の後に「本科」や「研究科」に進学することが許されるなど、学校入学「一年目」という位置付けだった。したがって、本科一年目や研究科一年目の学生は、すでにそれまで学校に在籍してきた学生ということになる。
20 『D・M・J会誌』一九四二年秋号、九頁。
21 井上前掲書。
22 女性史の議論では明治二〇年前後の婦人束髪会の活動以降、一般の女性の髪形としての日本髪は「なくなった」と想定されていることが少なくないが、実際には日本髪は昭和初期まで商家など都市部の女性の髪形のバリエーションの一つであった。飯田未希「髪結人気と『女性の空間』の再編――明治末から大正の髪結イベントと女性客たち」『ジェンダー史学』一四号、二〇一八年、二一‐三八頁。昭和期の日本髪については高橋晴子も言及している。高橋晴子『近代日本の身装文化――「身体と装い」の文化変容』三元社、二〇〇五年。
23 実際には日本式束髪と西洋式束髪が紹介されたが、流行したのは西洋式束髪であった。婦人束髪会の活動については、渡邊友希絵「明治期における『束髪』奨励――『女学雑誌』を中心として」『女性史学』一〇号、二〇〇〇年、四九‐六三頁。
24 「事変下の風俗――どう変ったか？（4）」『朝日新聞』一九三九年七月一日。
25 この点はすでに多く議論されている。常に参照されるのは、山之内靖、ヴィクター・コシュマン、成田龍一編『総力戦と現代化』（柏書房、一九九五年）である。ジェンダーを含めた総力戦と社会の近代化についての論点の整理は上野千鶴子『ナショナリズムとジェンダー』（青土社、一九九八年）。
26 笹岡伸矢、大槻きょう子「女性参政権成立論再考――英米を事例に」『奈良県立大学研究季報』三〇巻四号、二〇二〇年、一‐三〇頁。
27 鈴木裕子『新版　フェミニズムと戦争』マルジュ社、一九九七年。若桑みどり『戦争がつくる女性像――第二次世界大戦下の日本女性動員の視覚的プロパガンダ』筑摩書房、一九九五年。
28 成田龍一「総説　戦争とジェンダー」小森陽一他編『岩波講座　近代日本の文化史8　感情・記憶・戦争』岩波書店、二〇〇二年、一‐五三頁。
29 上野前掲書。
30 戦時期の人口政策とジェンダーについては、荻野美穂「人口政策と家族――国のために産むことと産まぬこと」倉沢愛子他編『岩波講座　アジア・太平洋戦争3　動員・抵抗・翼賛』岩波書店、二〇〇六年、一五一‐一七八頁。
31 ロバート・ロス著、平田雅博訳『洋服を着る近代』法政大学出版局、二〇一六年。
32 江馬務『日本結髪全史』創元社、一九五三年。

第Ⅰ部　パーマネント報国と木炭パーマ

第1章　戦時中にも広がり続けたパーマネント

1 「パーマネント禁止」とは何だったのか

近代的で活動的な髪形

日中戦争開始以降の総動員体制下において、女性のパーマネントは国民精神総動員中央連盟（精動）や婦人団体などにより問題化され、たびたび「禁止」の対象となったのは前章で述べたとおりである。パーマネントは「華美」「浮薄」「奢侈」など「時局に相応しくない」髪形であるとみなされ、パーマネントをかける美容業者には政府から「自粛」が呼びかけられた。昭和初期に批判を浴びた「モダンガール」と同じく、パーマネントをかけた女性たちは戦時期に都会的な消費文化の「奢侈」と「性的放縦さ」のシンボルとみられるようになったうえ[1]、さらに「非国民」として激しい非難にさらされることになったのである。

ただし、この時期の女性の髪形をめぐる議論には明治期から持ち越されたさまざまな問題が含まれており、パーマネントを批判すれば済むというような単純な状況ではなかった。

実際には、パーマネントは日本の女性の髪形としては初めて肩のあたりまでの長さの「短髪」を一般的に可能にした[2]、近代的で活動的な髪形であったと言える。男性が丁髷を「近代化」の名のもとに明治初期に捨て去ったのに対し、一般の女性の髪形は昭和初期まで日本髪、和風束髪、洋髪（欧風束髪）の間を揺れ動いており、それらはいずれも髷を結った「長髪」であった[3]。ストレートの髪をボブスタイルにするおかっぱ頭は大正後期から女学生には普及したが、成人女性の髪形としては特殊であり、第二次大戦終了以前は一般には普及しなかった。[4] 日本の成人女性は戦前は着物で過ごすことが多かったため、袖などのボリュームに対して短髪で頭が小さいのは、全

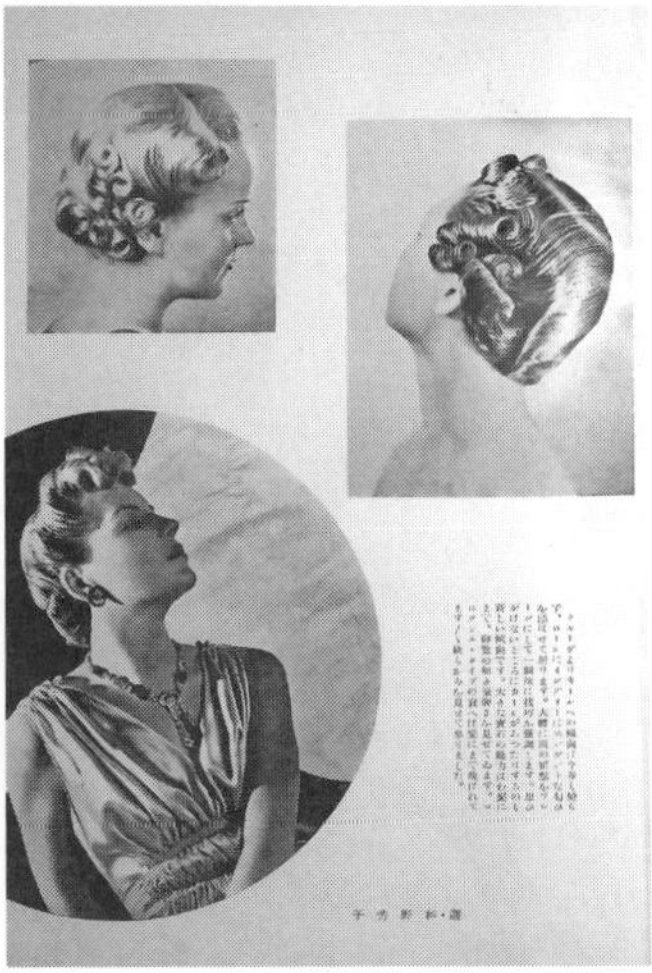

（上）図1－1　左から洋髪、日本髪、和風束髪の女性たち（1926年）
（下左）図1－2　ウェーブのボブスタイル（1928年）
（下右）図1－3　杉野芳子選のパーマネントスタイル（1937年）

体のバランスが悪く、「美しくない」と考えられたことが大きかったようである。[5] パーマネントによる髪形は「雀の巣」とも揶揄《やゆ》されたが、頭髪全体にパーマをあてることで頭のボリュームが出たこと、また日本髪のように腰まである髪ではパーマネント機でパーマをかけることは不可能であったことから、「髷なし」の髪形がパーマネントによって普及した。[6]

髪の毛を短くすることが可能になったため、洗髪や整髪も楽になり、女性たちは活動的になった。明治期に日本髪の不衛生さと非活動性が婦人束髪会によって問題化されて以降、女性の髪形の近代化は教育家や美容家たちによってたびたび議論されてきた。[7] パーマネントによる短髪は、日本の女性の髪形の問題点に対する解決策であり、実際美容師たちは、女性を「活動的」にする髪形として、婦人雑誌や新聞でパーマネントによる髪形の提案を行っていた。しかしながら、戦時色が強まる中で、精動の指導者たちや新聞などのメディアにおいて、パーマネントは女性の「活動性」ではなく「奢侈」を象徴するものとして意味付けられ、批判のターゲットになっていった。

四五年六月の「パーマネントますます蔓延」

総動員下の婦人会を中心とした女性団体が「パーマネント排斥」を活動目標としたことから、戦時下にパーマネントの女性はいなくなったということがジェンダー史の議論において暗に想定されていることが少なくない。これは一九八〇年代から九〇年代にかけての女性史の大幅な見直しの中で、女性の戦争協力や女性の国民化がテーマとして浮上した点とも関係している。この時期以前の女性史では、国家が引き起こした戦争や米軍による空襲の「被害者」として女性が位置付けられるのが一般的であり、一九七〇年代に各地で収集されるようになった女性たちの戦争体験を記録する運動においても、証言者の女性たちは自らを被害者として語る場合がほとんどだった。これに対し、一九八〇年代以降の女性史やジェンダー史では、戦争中の女性たちを単に被害者として受動的な存在と見るのではなく、むしろ女性たちがさまざまなレベルで戦争に参加していたことに焦点を当て、女性たちの能動性を強調するようになった。戦時に女性たちが能動的であったということは、これまで被害者として免罪されてきた女性たちの「戦争責任」を問うことでもあった。この結果、精動へ参加した知識層の女性たちや愛国婦人会、国防婦人会など戦争に積極的に参加した女性たちの行動が分析の中心になり、これらの女性たちの「戦争協力」に焦点が当てられる傾向が強くなった。[8]

このため、指導者層や婦人会の女性たちが「パーマネントを排斥した」という能動的な戦争協力が分析対象となる一方、排斥されたパーマネントそのものがどうなったかは、あまり関心を払われてこなかった。「贅沢は敵だ」という標語や「パーマネントはやめましょう」という歌は、確かに戦時中のパーマネントを取り巻く状況の一面ではある。また一九三七年の精動の精神作興運動の委員会による「パーマネント排斥」の決議[9]以降、精動では同様の決議が繰り返され、また銑鉄鋳物の製造制限令（一九三八年）など、美容業者に対する間接的な法規制によってもパーマネントをかけることが困難な状況は始まっていた。しかしながら、排斥運動が起き、美容業者への規制が強まったということは、必ずしも業者が事業を諦めたり、女性客がパーマネントをやめたことを意味していない。

戦前にパーマネントを実際にかけていた美容業者の回想や当時の新聞記事を見ると、パーマネントは総動員運動の中で「終わった」わけではなかったことがわかる。例えば一九四五年六月二〇日の『読売新聞』の「黒髪をけがすナ」という投書では、投稿者が「疎開の持ち込んだ伝染病ともいうべきパーマネントが純な農村の乙女の心を汚しつつ」あることを嘆いている。

> 疎開の持ち込んだ伝染病ともいうべきパーマネントが純な農村の乙女の心を汚しつつあたかも水の中にインキを滴らしたごとく、水たまりに一滴の石油を落したごとく、ますます蔓延している。この間まで真黒になって野良で働いていた隣家の■〔読み取れず〕ハナちゃんが突如クラゲのような頭をしだして、私はじめ近所の者を呆然たらしめている。野良に出ても頭に気をとられて碌な仕事はできないと隣家の両親は嘆いてる。
>
> クラゲ頭が野良のあっちにもこっちにも、うようよしているのをみると首筋がぞっとする。大和撫子の姿何処にありや。君らには大和民族の誇りの黒髪があるではないか。パーマネントよ、いま日本は汝の本家と興亡を賭して戦っているのだ。ヤンキー■に勝つ気なら、ヤンキーの真似はよせ、そして純な農村の乙女にかえってくれ。

隣人の「ハナちゃん」までもが「突如クラゲのような頭をしだし」たことを、投稿者は伝えている。また「クラゲ頭が野良のあっちにもこっちにも、うようよして」との表現から、農家の女性たちの間に、戦争末期の一九四五年の時点でまだパーマネントが広がっていたことがわかる。
しかしながら、ここからわかるのは、単に「パーマネントの流行」が農村部へと広がっていたという事実だけではない。戦争末期の交通手段が限られていた時期に、農村部の女性たちが、しかも農繁期に気軽に都会にパーマをかけに行ったと推測することは難しいだろう。農村部の女性たちがパーマネントをかけていたということは、戦争末期のこの投稿者の住む地方に、パーマネント機とパーマネント技術を持った美容師ないし髪結[10]が存在していたことを意味するのである。

都市―農村の枠を超えて

一九三九年に朝日新聞が主催した座談会で、社会学者の今和次郎は、パーマネントは「都市的な現象」であり「農村ではどうしてもパーマネントの店は開ける可能性はない」ことから、都市と農村の分断を招くものであると予見している。パーマネントを「欧化排撃」の問題と位置付けるのは表層的であると指摘した後、今は以下のように続けている。

パーマネントの問題は、結局は都会対農村の問題です。農村ではどうしてもパーマネントの店を開ける可能性はない。今日これほど若い女性の間に魅力を持つパーマネントは、女性が農村にいる間はどうしてもかけてもらうことはできない。パーマネントをやりたいために女中になって都会に出てきたという女がある。こうなると今日女性の都会と農山村との最大の対立基準はパーマネントだと言えましょう。[11]

都会と農村の女性の分断を国民統合に逆行するものと考える今は、パーマネントを廃して「風俗一元化」を行うしか都市と農村の女性の分断を避ける方法はないと語っている。[12]

しかしながら、先の投書に見るように、戦時中にパーマネント機は都会だけでなく地方の小都市へも広がっていた。岩手では一九四三年という時期にパーマネント機を持った美容業者の同業組合すら誕生している。また東京市内では一九三九年には八〇〇軒の美容業者が一三〇〇台[13]のパーマネント機を設置していたのが、一九四三年には一五〇〇軒で三〇〇〇台になっていたといわれている。[14]また電力規制のためパーマネント機の使用が難しくなった一九四三年末以降は全国に「木炭パーマ」と呼ばれるコテやカーラーを炭で温めて髪にカールを作る美容機材が販売されるようになり、東京などの大都市部だけではなく、多くの地方都市でも美容業者に購入され使用されていた。戦時中、パーマネントは都市、農村という枠を超えて広がり続けたのである。

第Ⅰ部が論じるのは、たび重なる反対運動や規制にもかかわらず、終戦までなぜパーマネントが広がり続けることが可能であったのか、という問題である。そのためにパーマネント反対運動や規制の実態を問い直すとともに、パーマネントをかけるための物質的条件（製造、販売、技術習得など）も確認していく。髪形全般に言えることであるが、パーマネントは、化粧品のようにお金を出せばすぐ購入できる商品ではない。髪形を作るという行為は一定の技術に基づいており、その技術を持つ人が存在しない限り、作られ得ない。パーマネントの場合は、この技術習得の問題がさらに複雑化する。パーマネント機という電力を使う機械、電力インフラ、ソリューションという化学薬品を必要とするからである。また美容師や髪結たちは機械を使う技術や薬品に関する新しい知識を学ぶ必要があった。従来のように日本髪の師匠から弟子へという知識の伝達のみでパーマネント技術を学ぶことは不可能だったのである。[15]

図１－４　丸善美容院の前に行列する女性たち（1940年年末）

そして何より、パーマネントの広がりを支えていたのは、機械や技術だけではない。パーマネントを求め続ける女性客たちの存在が、それを支えていた。戦前からの美容師や髪結の回想には、パーマネントをかけるために店に女性たちが「押しかけた」様子がたびたび登場する。大阪の大型美容院である丸善では、一九四〇年の年末にパーマネントを求めて数十人の女性客が店の入り口に群がっている様子が写真に収められている。[16] また一九四〇年にパーマネント機を導入した水戸の美容師小山テリは、パーマネント規制が強まる中、東京の美容師から中古のパーマネント機を購入したが、営業開始後一カ月で投資が回収できたという。[17] 女性たちのパーマネントへの需要は、電力規制が強まり「木炭パーマ」と呼ばれる熱源に木炭を用いるパーマになってからも衰えることはなかった。パーマネントの存続と広がりが可能になったのは、これらの女性たちのパーマネントを求める強い気持ちがあったためである。

美容師や髪結の伝記や回想記といった資料からは、戦時中に排斥された側、すなわち美容関連業者や女性客たちにとっての総動員体制と戦争体験が見えてくる。[18] 総動員体制は女性の国民化が完遂する近代化のプロセスとして議論されてきたが、[19] この国民化のプロセスにおいて、パーマネントは「非国民」的な髪形として排除の対象となった。国民化のプロセスは国民国家の領土内のすべての階層、性別の人々が国民となるよう国家が「呼びかけ」(interpellation)を行い、また人々がその呼びかけに応える(主体化=国民化)ことで成立する。しかしながら、この呼びかけは常に「否定」(negativity)を通じて成立するものであった。「日本女性」という国民主体は、それとは「逆」のイメージを否定し排除することによってかろうじて可能になった。[20] その排除の対象となったものの一つが「パーマネント」という髪形である。それでは、実際に排除された側の人々(美容業者、女性客)はどのように総動員体制を経験したのか。それが第I部の問いである。パーマネントの広がりと存続を可能にした重層的な関係と、それらの関係におけるパーマネントへの重層的な意味付けに注目する。

パーマネント＝「非国民」という意味付け

戦時色が強まるにつれて、パーマネントに対する風当たりは強くなっていった。戦時の「パーマネント禁止」については、婦人会による貼り紙や呼びかけ（「パーマネントはやめましょう」）が記憶されているが、実際にパーマネント業者や女性たちに対する規制にはどのようなものがあったのだろうか。

パーマネントに反対する動きは主に二つの面で起こっていたと考えることができる。第一には「精神総動員」という言葉通り、意識ないしは精神的な面での働きかけである。戦時期に理想化された「貞節」などの「日本婦道」とは対極の、「奢侈」や「浮薄」の象徴としてパーマネントを定義する「上から」の意味付けが行われたと言える。

戦争開始以降、精動や精動関連の婦人団体ではたびたび「時局に相応しくない」髪形であるとして「パーマネント禁止」の決定を出した。[21] 一九三七年一二月の精神作興運動の委員会では「婦人の断髪を禁止、パーマネントの排斥、厚化粧の遠慮」などを決定し、「全国の婦人達に呼びかける」ことを申し合わせた。[22] 一九三九年六月の精動小委員会でも「婦女子のパーマネントウェーブその他の浮華な服装化粧は断然廃止」を決定した。[23] また一九四一年にも東洋婦人教育会が「黒髪に還れ」と呼びかけ、[24] 一九四三年には各種婦人団体を統合した大日本婦人会で「都下百四十万の日婦会員にパーマネント廃止運動を起すことを決定」している。[25] これだけ繰り返し「パーマネント禁止を決定」していたということ自体が活動の実効性を疑わせるが、パーマネント排斥運動は精動の数々の呼びかけの中でほぼ唯一「実行運動」を伴ったものであると、一九三九年一〇月の『読売新聞』社説は指摘している。[26]

実際に、日本各地でこの時期に拡大した国防婦人会、愛国婦人会などの婦人会組織では、街頭でパーマネントの「奢侈」を批判する文面が書かれたビラを配ったり、パーマネントの女性を呼び留めて注意したり、美容院に「視察」に行ったりしていた。家の塀にパーマネント反対のポスターを作って貼っていることもあった。このような女性を中心とした運動は婦人会以外の人々にも影響があったようで、東京の著名な美容家である山野愛子は、子供たちが外に出ると「『パーマネント屋の子ども、やーい』と言われて石を投げられ、泣きながら帰ってきたこともありました」と述べている。[27] またパーマネント業者の回想では、「店に石が投げ込まれてガラスが割れた」というものもある。[28] この回想には戦争末期にパーマネント反対の声が強まったという記述もあるため、[29] このパーマネント反対運動は戦争終了まで続いていたと考えることができるだろう。

このような精動や婦人会を中心としたパーマネント反対運動は、主に女性客たちの意識への働きかけであり、パーマネントとはどういうものであるかを定義する「意味付け行為」であった。パーマネントが「奢侈的」であり、「戦時に相応しくない」というのは、本来的にそういうものなのではなく、指導者層の男性や女性によって戦時にそのような意味を与えられたということである。そして、それはメディアや地域婦人会に参加する女性たち自身のローカルな活動によって、一般の人々にも共有されることになった。母親が美容師をしているからという理由で子供が他の子供から石を投げつけられるというのは、そのような「パーマネント」＝「非国民」という意味付けが子供たちの間でも共有されていた証拠であろう。

美容業者への規制

反対運動の第二の側面は、美容業者を法的に規制しようとする国への働きかけである。結論から先に言うと、これはあまりうまくいかなかった。これまで見たように、総動員体制の中で精動や各種婦人会などの団体によってパーマネント禁止の決定が頻繁に出されたが、これらは法令ではなく、美容業者に対しパーマネントをかけることを直接的に禁止したり、パーマネント機製造業者に対し製造を禁止したりするものではなかった。[30] 実際、政府関係者もパーマネントそのものを禁止する法的な根拠を示すのは難しいと考えていたようである。一九三九年六月の精動小委員会で「パーマネント廃止」の決定が出たことを受けて警視庁衛生部ではパーマネント業者を呼んで「自粛会議」を開くが、「パーマネント禁止」の根拠について岸本衛生課長は以下のように述べている。

業者を喚んで懇談はしたが、ただ漠然とパーマネントはいかんといっても外来の髪だからいかんのか、バサバサした形が気にくわんのか肝腎の理由がまだはっきりしない。衛生上に危害があるのなら兎に角、これ以上警察命令でどうのこうのというわけにはゆかない。要は業者の自粛はもちろんお客そのものの非常時意識が問題ではないか。[31]

衛生問題を主管していたため美容業の監督官庁でもあった警視庁としては、パーマネントを禁止する明確な根拠が見当たらないため、パーマネントを法的に規制するつもりはないことを言明しているのである。

パーマネント関係業者に影響があったのは、むしろパーマネントを直接的なターゲットとしない「間接的」な規制であった。例えば一九三八年に商工省から銑鉄鋳物の製造制限令と鋼鉄の使用制限令が出されたため、[32]ヘアーアイロンやパーマネント機の製造に鉄を使うことが不可能となった。これに対しては、業者はアルミニウムなどの軽金属を代替で使用することで対応している。[33]さらに一九四二年九月にはアルミニウムなどの軽金属に対する使用制限が出され、パーマネント機へのアルミニウムの使用も禁止された。[34]しかしながら、製造業者はパーマネント機の生産を続けていたため、一九四三年二月に一斉検挙されることとなった。[35]

またパーマネント機を購入した美容師や髪結、さらには女性客たちにとっても間接的な規制が障害となる場合があった。例えば一九四三年の「特別行為税」は「不急消費」とみなされたサービスを受ける客に対し、価格の三割の税金を付加するというものであった。[36]一回の料金が一円以上かかる「調髪及び整容」として、パーマネントも「特別行為」に該当したため課税の対象となった。[37]このため、パーマネントをかけに来た女性客たちは高い税金を払うことになった。また一九四三年一〇月にはパーマネント機などの「調髪用電熱器」で電力を使用不可とすることが決定された。[38]

ここで注意しておきたいのは、上記の二つの側面（「意識＝意味付け」と「法的規制」）は業者および一般の人々の認識においては重なり合っているという点である。後者の法的規制は包括的なものであり、パーマネント製造業者や美容業者のみをターゲットにしたものではなかった。しかしながら、当時の新聞を見ると、鋼鉄の使用制限令や特別行為税など、パーマネント業者に関係がある場合は「いよいよお洒落追放　あすから電髪にも三割の税金」[39]など、さまざまな対象を規制する法令があたかもパーマネントをターゲット化したものであるかのような見出しで枠付けされているのである。また精動などがたびたび出した「パーマネント禁止令」も実際には効力がなく、婦人団体を通じて「呼びかけ」を行う程度のものであったにもかかわらず、「入国以来ここに十年……パーマネント廃止？？？美容師別れの言葉」[40]のように、あたかも美容師や髪結がパーマネントをかけること自体が禁止されたかのような見出しをつけている。精動の決定や新たな法規制を伝えたメディアは、まったく中立的ではなかった。

新聞メディアが翼賛的な報道を行っていたことは周知の事実だが、パーマネントに関しても非常に偏った報道をしていたのは明らかで、人々はこのように提示された情報に基づいてパーマネントを見ていたのである。

2　美容業者たちの奮闘

飛ぶように売れたパーマネント機

さまざまな形で「禁止」が唱えられたにもかかわらず、パーマネントが終戦ギリギリまで日本全国に広がり続けた根本的な理由の一つは、パーマネント機の製造業者が製造を続け、各地に販売して回ったからである。[41] 一九三五年前後は国産パーマネント機が一般に出回るようになったため機械の低価格化が進むとともに、パーマネントの大流行が始まった時期として美容業界では記憶されている。[42] 昭和初期には東京のマキノ商会などを通じてパーマネント機が輸入されていたが、それらは一五〇〇円ほどもする非常に高価なものであった。[43] そのため、美容室でかけるパーマネントの一回当たりの料金も高額であり、髪の結賃が一回当たり一円程度であったところ、パーマネントは三五円ほどであったという。[44] この時点ではパーマネントは女性客にとって高価過ぎたため流行しなかったが、国産機の普及とともに、[45] パーマネント代も一〇円から一五円程度に落ち着いた。それでも他の結髪と比較すると高額であった。

国産機の開発競争と販売競争は熾烈であった。美容家山野愛子の夫である山野治一《じいち》は逓信省で働いていたが、パーマネント機を製造するために仕事を辞め、電気学校に通った。彼は輸入されたパーマネント機を分解して構造を理解し、「ヤマノスター機」を開発した。[46] 同じように国産機の製造を目指す人々がこの時期現れ、アメリカ帰りの福田啓が開発した「ABC機」、高山長次郎が開発した「ファウンド機」、美容家山野千枝子が技術者と組んで開発した「ジャストリー機」などが量産化されるようになった。[47] 国産機の開発競争が激化するとともに特許争いが発生し、福田啓は一九三五年にパーマネント機の特許を申請し受理されたが、これに対抗して高山長次郎は一九三六年に特許無効を提訴している。[48] この特許問題と並行してすでにパーマネントの流行は始まっており、ヤマノスター機は一九三六年頃には月産二〇台がすべて売り切れる目途がついたという。[49] 流行はさらに勢いを増し、同機は一九四〇年頃には月産五〇台まで伸ばし、それでもすぐに売り切れた。[50]

図1－5　スズ細野によるパーマネント講習会

製造されたパーマネント機はいかにして美容師や髪結たちに販売されたのか？　パーマネント機は国産化されても高額であり、思い切った投資であることに変わりはなかった。しかしながら、流行が始まりかけていた一九三五年頃から東京各地区の寄席や公会堂で無料の「パーマネント講習会」を行った山野愛子・治一夫妻は、講習会の後、パーマネント機の注文が殺到したと述べている。講習会は無料であったが、一日使い方を見ただけでは実際に機械を使いこなすことは無理だったため、パーマネント機を購入した髪結や美容師たちは山野愛子が指導する日本橋蠣殻町《かきがらちょう》の美容講習所に教授料を払って講習を受けに来ることになった。[51]

パーマネント機の販売と講習を一緒に行うということは、電気設備がまだ非常に新しかった当時の東京では、美容師や髪結に対して購入へのハードルを下げる役割を果たしていたと思われる。これ以外にスズ細野のマキシン美容研究所、[52] 渡辺学洋の渡辺美容研究アカデミー学校[53]など、最新のパーマネント技術を教える学校を経営しながら、銀

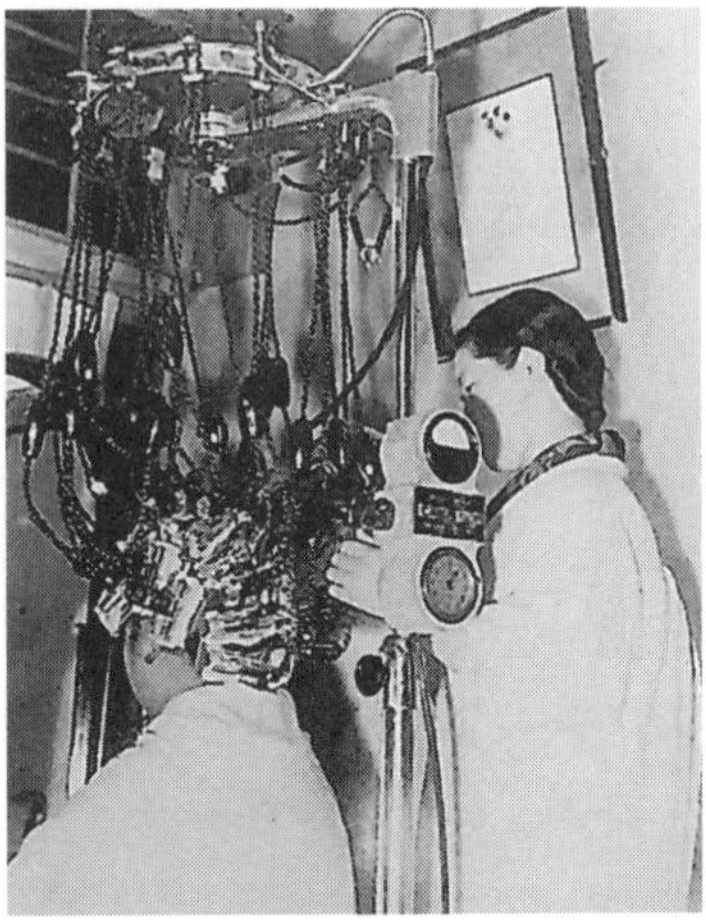
図1－6　岩手県初のパーマネント機（1938年頃）

座などで最先端の美容室を経営する美容師もいた。

戦時中にパーマネント機は東京、大阪、福岡などの大都市部だけではなく、地方都市へも広がり続けた。山野愛子・治一夫妻は「近県くまなく」出張講習会を行った。[54] さらに山野治一は東海道線の三等寝台にパーマネント機を五、六セット載せ、四国や九州まで売り込みに行ったと語っている。[55] これは山野に限った話ではなく、高山美容学校の高山長次郎・タケ夫妻も全国をまわって技術講習とパーマネント機の販売を行った。[56]

一方、最新の美容技術に関心を持つ髪結や美容師が、東京などの大都市に技術研究に来ることも多くあった。茨城の水戸では一九二九年に堀こまがパーマネント機の店を出したのを最初に、

その後一九四〇年頃に県内で五店、翌年には一七店になっている。[57] また岩手でも一九三八年にパーマネント機を置く店が二店現れたのを皮切りに、一九四三年には岩手県内の一九店以上の店がパーマネント機を設置するようになった。[58] 北海道でもパーマネント機を導入した店が次々現れた。[59] 戦時中の地方でのパーマネント機の増加は、製造業者の販路開拓と地方の美容師の技術習得やパーマネント機への投資によって可能になった。

規制への対応と木炭パーマ開発

先に見たように、パーマネントへの反対運動や間接的な規制が一九三八年頃から始まっていた。パーマネント機製造業者は素材を鉄からアルミに変更するなどして対応していたが、一九四四年の電力規制の施行後は、パーマネント機の使用は東京でも他の地方でもほぼ完全に不可能になった。しかしながら、業者たちはそれでもパーマネント関連製品の製造をやめなかった。山野治一やセフティ商会の岡野健夫などは金属供出を免れたロッド（髪を巻き付けて熱を通す部分）やヒーターを再利用して、「木炭パーマ」と呼ばれる道具を作った。[60] ロッドを木炭で温め、髪を巻き付けて型をつける器械であった。ソリューション（薬剤）がまだ入手可能な場合はより長持ちするウェーブをあてることができたが、そうでない場合は、大正末から昭和初期に流行したマルセル・ウェーブと同じ原理のコテを使った洋髪であった。この木炭パーマは①もともとパーマネント機を持っていた美容師や髪結がパーマネント機製造業者に頼んで改造する場合と、②パーマネント機製造業者が木炭パーマとして販売したものを購入する場合[61]があったようである。終戦間際に開発されたこの木炭パーマも需要が大きく、よく売れたという。[62]大都市部だけでなく、茨城、岩手や北海道などの地方へも広がっていたという記録がある。[63]

したがって、パーマネントという髪形が戦時中に大都市部だけでなく地方への普及が可能となったのは、たび重なる規制にもかかわらず業者が製造を続けたという点が大きい。それは何より、需要そのものが衰えなかったからであり、山野治一や岡野健夫の露悪的な言葉を引用すれば、「儲かった」からであろう。[64]

パーマネント報国

パーマネント批判が強まる中、一九三八年に美容専門雑誌社社主の島田一郎を中心とする東洋パーマネント美容協会と美容家小口みち子を中心とする日本パーマネント協会が設立された。[65]この二つのパーマネント業者組合は翌一九三九年に統一されて大日本電髪理容連盟[66]となり、六月二二日に両協会に属する業者八〇〇人が合同の「自粛大会」を開催した。[67]パーマネント流行以前から髪結を中心とした結髪業組合や、美容師を中心とした美容師協会などがすでに東京では設立されていたが、パーマネントへの批判の高まりを受けてパーマネント業に関わる美容師や髪結だけではなく、彼女たちの夫（片岡守弘、小守谷達夫、山野治一など）、美容専門雑誌社（すがた社、くろかみ社など）、パーマネント製造販売業者（岡野健夫、高山長次郎など）ら関係者が協力して、パーマネント関連業者による業界団体を結成したのである。[68]

では、こうした業者の団体は、どのような活動を行っていたのであろうか。パーマネント業者の組織化の目的は、業者の営業権を守ることであった。[69] 一九三九年に組合組織が統一されたため、精動により「組合による営業自粛」が認められ、業者が危惧していた「営業廃止」はなくなった。[70]「営業自粛」というと店を閉じたような響きがあるが、実際には批判されている「華美」なパーマネントはやめて、おとなしめのパーマネントをかけましょう、という業者内の呼びかけ程度で済んだようである。パーマネント業者が組合として行った活動は、①パーマネント自体が「報国」であると示すこと、②パーマネント以外で団体の国家への恭順を示すこと、③パーマネント業の営業停止に関すること、の三点が主なものとなった。

まず一九三八年から三九年の結成初期の活動においては、パーマネントを業者の視点から「パーマネント＝報国」と再定義し、精動や婦人団体、メディアなどを説得することが中心的な関心となっていた。一九三九年の大日本電髪理容連盟の発会式においては、①時局下にふさわしい髪形を提案し、実施普及させること、②女学生のパーマネント謝絶（店頭に表示する）、③パーマネントの文字を排して、あらゆる場所からこの言葉の排除に努力する、という三点を申し合わせた。[71] 発会と前後して美容師柳村マサジらによる「純日本型」のパーマネントの髪形三点が『読売新聞』に提案されている。[72]

つまり、大日本電髪理容連盟によって唱えられた「パーマネント報国」とは、パーマネント業

自粛型の登場
"雀の巣"は排撃しませう
起源は欧洲大戦から
簡素な銃後調へ
生み出せ"日本式電髪《パーマネント》"

図1－7　自粛型（パーマネント）の髪形（『読売新聞』1939年6月24日）

を自粛したり廃業したりすることが目的ではなかった。パーマネントという言葉を「電髪」などの「非敵性語」で置き換えたり、美容師が「活動的」なパーマネントの髪形を提案することで、パーマネントが「銃後」の女性たちに「相応しい」ものであると再定義したのである。

しかしながら、初期のパーマネント反対運動の後に、実質的には客が減ることがなかったためであろうか、新聞などで美容師がパーマネントを「報国的」な髪形として紹介することは少なくなっていく。そして、むしろ時局への恭順を示すため、パーマネント業務に関わりのない領域でさまざまな活動を打ち出していった。例えば、当時『朝日新聞』などで盛んに行われた飛行機献納のための寄付を模して、一九四〇年に山野治一らが先頭に立って美容師や製造業者から寄付金を集め、「美容号」という飛行機を献納した。[73] また、すがた社社主の島田一郎は髪結や美容師に呼びかけて、同じく一九四〇年に「皇紀二千六百年奉祝理容報国大会」を開催した。美容業界に近い政治家、警察関係者、業界の著名人などが一堂に会した大イベントであったようである。[74]

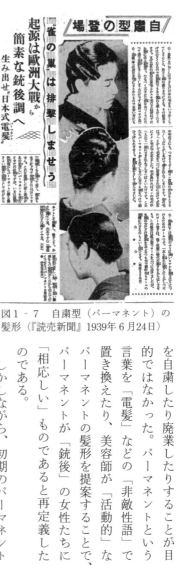

一九四三年になると、電力規制によりパーマネント機が使えなくなることが決定したため、大日本電髪理容連盟の中心的なメンバーが企業整備委員として営業権などの補償問題や、パーマネント機の「買い上げ」(「供出」ではなく)を求めて内務省で交渉を行った。[75] 団体としては、補償金で軍需物資の部品下請け工場である東美電機工業株式会社を五反田に設立した。「工員はすべて美容組合員およびその従業員」として、業者が自分たちの営業を続け、なおかつ「失業した弟子を吸収」することを目的としていた。[76] しかし、この軍需工場も一九四五年三月に爆撃に遭い、東京の美容師たちは疎開して業界団体の活動も行われなくなった。[77] 美容師、髪結、パーマネント機製造業者や美容雑誌社などは業種の垣根を超えて営業権を守るために活動を続けたが、国家への恭順を示すことで正面から政府を説得するには限界があった。

---

1 モダンガール批判と戦時中のパーマネント批判の連続性については、足立眞理子「奢侈と資本とモダンガール――資生堂と香料石鹸」伊藤るり、坂元ひろ子、タニ・E・バーロウ編『モダンガールと植民地的近代――東アジアにおける帝国・資本・ジェンダー』岩波書店、二〇一〇年、五二‐五三頁。

2 高橋晴子『近代日本の身装文化――「身体と装い」の文化変容』三元社、二〇〇五年、三八一頁。

3 男性と女性の近代化の「ずれ」については、民俗の観点からは永原和子「民俗の転換と女性の役割」女性史総合研究会編『日本女性生活史 第4巻 近代』東京大学出版会、一九九〇年、五一‐八八頁。欧米との差異化を通じたナショナリズムの中で文化的伝統や歴史を投影された女性表象としての問題化は牟田和恵「新しい女・モガ・良妻賢母――近代日本の女性像のコンフィギュレーション」伊藤、坂元、バーロウ編前掲書、一五一‐一七二頁。
4　高橋前掲書、三八一頁。
5　江馬務『日本結髪全史』創元社、一九五三年、二一〇頁。
6　江馬前掲書、二一三‐二一四頁。
7　束髪会については渡邊友希絵「明治期における『束髪』奨励――『女学雑誌』を中心として」『女性史学』一〇号、二〇〇〇年、四九‐六三頁。女性の「洋装化」と髪形の問題については坂本佳鶴恵「洋装化と女性雑誌――戦前の関与について」『お茶の水女子大学人文科学研究』六号、二〇一〇年、二三‐一三四頁。
8　一九八〇年代から一九九〇年代の女性史の整理は上野千鶴子『ナショナリズムとジェンダー』青土社、一九九八年。加納実紀代「〈近代〉をひらく」天野正子他編『新編 日本のフェミニズム 10――女性史・ジェンダー史』岩波書店、二〇〇九年、一‐二四頁。成田龍一「母の国の女たち 奥むめおの〈戦時〉と〈戦後〉」山之内靖、ヴィクター・コシュマン、成田龍一編『総力戦と現代化』柏書房、一九九五年、一六三‐一八四頁。愛国婦人会については井上直子「愛国婦人会の救済事業と女性の『軍事化』」『史海』六三号、二〇一六年、五‐一九頁。国防婦人会については藤井忠俊『国防婦人会――日の丸とカッポウ着』岩波書店、一九八五年。
9　『朝日新聞』一九三七年一二月一三日付。
10　本稿では「美容師」とは大正後期から流行したマルセル・ウェーブの洋髪など、洋風結髪を習得した技術者を指し、「髪結」は日本髪および和風束髪を結う師匠に弟子入りして修業した技術者を指すこととする。
11　「事変下の風俗――どう変ったか？（4）」『朝日新聞』一九三九年七月一日付。
12　「事変下の風俗――どう変ったか？（4）」『朝日新聞』一九三九年七月一日付。
13　『読売新聞』一九三九年六月二三日付。
14　『読売新聞』一九四三年八月二九日付。

15　第二次大戦終了以前は日本髪系の髪結のもとで徒弟奉公をして技術習得をする技術者が多かった。高橋前掲書、三五八頁。
16　「ある人生――華々しかった丸善美容院時代」『美容と経営』六五号、一九七〇年一〇月、一一六頁。
17　茨城県美容業環境衛生同業組合『組合設立四〇周年記念誌――茨城美容のあゆみ』一九九九年、四四頁。
18　戦前から戦後に活動した髪結や美容師の回想は数多く残されている。山野愛子やメイ牛山のような美容家が書いた回想録の一部は一般向けに出版されたが、それ以外に著名な美容家や美容関連業者の自伝や美容業界誌（新美容出版『美容と経営』など）に連載された伝記的記事もある。また戦後に設立された都道府県単位の美容業環境衛生同業組合でまとめた地方美容業者の歴史や回想集もある。
19　上野前掲書、成田前掲論文。
20　「日本女性」というアイデンティティは「悪い女」を否定することに依存していたと言えるだろう。「良い女／悪い女」の二分法とナショナリズムの関係については若桑みどり『戦争がつくる女性像――第二次世界大戦下の日本女性動員の視覚的プロパガンダ』二章、筑摩書房、一九九五年。モダンガールと「新しい女」のイメージ上の「近さ」から、知識層の女性がモダンガール排斥に向かったことを小檜山ルイは指摘している。小檜山ルイ「『婦人之友』における洋装化運動とモダンガール」伊藤、坂元、バーロウ編前掲書、一七五－二〇二頁。
21　精動婦人部を含め、婦人会指導層などの知識人女性たちがパーマネント排斥に向かったのは、知識層の女性たちが体制内化し、体制の内側から自己の立場を正当化していたことが大きかったと思われる。知識層の女性の体制内化については、小山静子『家庭の生成と女性の国民化』勁草書房、一九九九年。
22　『朝日新聞』一九三七年一二月一三日付。
23　『朝日新聞』一九三九年六月一九日付。
24　『読売新聞』一九四一年七月六日付。
25　『朝日新聞』一九四三年二月一七日付。

26 『読売新聞』一九三九年一〇月三一日付。
27 山野愛子『若くてごめんなさい――美容ひと筋』東京新聞出版局、一九九〇年。
28 中村芳子『想いはるかなりけり――九九歳の美容人生・思い出しつつ』私家版、一九九八年。
29 中村前掲書、四三頁。岩手県美容業環境衛生同業組合『いわて美容物語――岩手県美容業環境衛生同業組合創立30周年記念誌』一九八七年、六二頁。
30 富澤洋子「戦時下の化粧――パーマネント・ウェーブの歴史」『Maquiller――化粧文化研究ノート』三一号、二〇一一年、三頁。高橋前掲書、三八六頁。
31 『読売新聞』一九三九年六月二三日付。
32 「鉄鋼の需給調整」『週報』九五号、一九三八年八月一〇日、一六-一八頁。
33 山野治一『美容界を生きる――山野治一・語録』女性モード社、一九七八年、六八頁。
34 『朝日新聞』一九四三年一〇月一八日付。
35 山野治一前掲書、六八-七〇頁。
36 「実施された新税法」『週報』三三八号、一九四三年四月七日、三頁。
37 前掲「実施された新税法」五頁。
38 「勝ち抜くための節電」『週報』三六五号、一九四三年一〇月一三日、一三頁。実際にはパーマネント業者に対しては施行が猶予されたため、一九四四年一月からパーマネント機への電力供給がなくなった(『朝日新聞』一九四三年一〇月一日付)。
39 『読売新聞』一九四三年三月三一日付。
40 『朝日新聞』一九三九年六月一九日付。
41 「徴兵逃れ」をするために、朝鮮半島や満州にソリューションを売り歩いた男性の伝記的記事がある(前掲「ある人生――華々しかった丸善美容院時代」一一三-一一七頁)ことから推測すると、朝鮮半島や満州などの植民地化された地域にもパーマネント機が広がっていたことが推測できる。
42 小出新次郎「マルセル・ウェーブとパーマネント・ウェーブの周辺」『しんびよう――美容百年記念

号』新美容出版、一九六八年一二月号、二三六‐二四三頁。山野愛子『愛チャンはいつも本日誕生』日本図書センター、二〇〇四年、八六頁。松村重貴智『理容師人生』国際理容協会出版部、一九六〇年、一四〇頁。

43 前田昌良監修『ピープル to ピープル――私家版 日本・近現代美容史・人物文化史』オフィスマエダネゴ、二〇〇七年、九九頁。

44 松村前掲書、一四〇頁。

45 国産機で低価格化が進んだといっても、一九三六年頃で七〇〇円ほどであった（山野治一前掲書、五四頁）。

46 山野治一前掲書、四六頁。

47 前田前掲書、二一頁。山野千枝子によると、他にも「パーマネント機普及の機運に便乗し、たちまちのうちに十数社のパーマネント会社が雨後のたけのこのごとく続出した」とある。山野千枝子『光を求めて――私の美容三十五年史』サロン・ド・ボーテ、一九五六年、一五三頁。

48 前田前掲書、二一頁。

49 山野治一前掲書、五四頁。

50 山野愛子『私の五十年』国際美容協会出版局、一九七五年、一三八頁。

51 山野愛子前掲『私の五十年』一二六頁。

52 前田前掲書、二一頁。

53 渡邊きく江「学校再興を夢見ながら逝った学洋」田中花子編『面影をしのびて――美容界の先人たち』私家版、一九九〇年、一五二‐一五三頁。

54 山野愛子前掲『私の五十年』一二七頁。

55 山野治一前掲書、五八頁。

56 中嶋幹夫『結髪の匠』ヘアトラッド社、二〇〇二年、六三頁。

57 茨城県美容業環境衛生同業組合前掲書、四三頁。

58　岩手で一九三八年にパーマネント機を導入したのは、はま美容院の荒浜イマと東美容院の佐々木サトである。岩手県美容業環境衛生同業組合前掲書、五七頁。
59　「座談会――美容の今昔」北海道美容業環境衛生同業組合『美容史――北海道美容業環境衛生同業組合創立25周年記念誌』一九八二年、一二二-一二七頁。
60　山野治一前掲書、七一頁。前田前掲書、一〇〇頁。
61　山野治一や岡野健夫などはパーマネント機を「改造」したと語っているが（山野治一前掲書、七一頁。前田前掲書、一〇〇頁）、「木炭パーマ」を「購入した」という回想もある。岩手県水沢市で開業した千葉つた（岩手県美容業環境衛生同業組合前掲書、八八頁）など。
62　山野治一前掲書、七二頁。
63　茨城県美容業環境衛生同業組合前掲書、四四頁。岩手県美容業環境衛生同業組合前掲書、五一頁。北海道美容業環境衛生同業組合前掲書、一二五頁。
64　戦前からの業界の大物で機材を扱った山野治一や岡野健夫などは、戦中の回想の中でしばしば「儲かった」という言葉を繰り返している。山野治一前掲書、七二頁。岡野健夫は前田前掲書、一〇〇頁。
65　『読売新聞』一九三九年六月二三日付。
66　この時期以降「パーマネント」を業界団体が「電髪」「淑髪」「粛髪」などと置き換えたため、業界関係者の回想などではこの団体を「大日本淑髪連盟」と表記している場合もある。例えばこの連盟の結成に携わり業界史を記録している片岡守弘は「大日本淑髪連盟」と団体名について言及している。片岡守弘『美容開化の25年史――N．H．D．K．のあゆみ』女性モード社、一九八〇年、七四頁。
67　『読売新聞』一九三九年六月二三日付。
68　片岡前掲書、七四頁。
69　片岡前掲書、七四頁。
70　片岡前掲書、七四頁。
71　『朝日新聞』一九三九年六月二四日付。

72 『読売新聞』一九三九年六月二四日付。「活動的」な髪形としてのパーマネントの提案はこの後も新聞などで時折美容師により続けられた。
73 山野治一前掲書、七一頁。前田前掲書、二三頁。
74 大会の様子は島田一郎が社主であったすがた社の『すがた――奉祝記念号』（二六号、一九四〇年一二月）が特集している。
75 前田前掲書、二三頁。パーマネント機の「買い上げ」については片岡前掲書、七五頁。美容家山野千枝子は、美容師たちが女性として初めて企業整備委員になったと述べている。山野千枝子前掲書、一九一頁。
76 山野千枝子前掲書、一九一－一九二頁。
77 山野千枝子前掲書、一九二頁。

第2章　パーマネント大流行

1　店先に行列した客たち

大繁盛だった美容院

激しい反対運動にもかかわらず、美容師たちは営業を続けることができた。その理由は、美容師たちが国の方針に従っていることを示すために同業者組合を組織し、さまざまな「報国的」提案を行うことで国家に対する恭順を示すことに成功したからであろう。

美容師という女性の髪形に対するプロフェッショナルという立場を強調しつつ、パーマネントを「淑髪」「電髪」と呼び変えて戦時にふさわしい髪形であると意味付け直したのである。さらに東京の美容師は、「大日本淑髪連盟」という会を組織して、婦人会の街頭監視活動にも参加し、美容師たちが自ら「派手」なパーマネントの女性を呼び止め、より控えめなパーマネント（すなわち「淑髪」）にするよう指導するということまで行った。[1]こうした美容師への締め付けと、それに対抗する活動は「そんなくらいイメージは、いまさら記述を省きたい」（牛山喜久子）と回想する美容師もいるように、[2]多くの美容師たちにとって決して気持ちがよい活動ではなかった。とはいえ、同業者組合の活動を通じて美容業、そしてパーマネントを「報国的」と位置付け直すことで、戦時に美容業を維持することが可能になったともいえるのである。

しかしながら、美容業が戦時中に廃《すた》れなかったもっとも大きな原因は、女性客たちがパーマネントを求め続けたということであろう。精動、大政翼賛会、婦人会、メディア、地元の人々などさまざまなレベルでの反対に美容業者は直面し、非常に苦しい立場に置かれていた。けれど一方で、パーマネントを求める女性たちはそれ以上の圧力を業者にかけていたと言える。パーマネントは結髪が一円程度の日本髪やコテの洋髪に比べると高額であったが、一九三〇年代半ば頃には大人気となっていた。

例えば丸善美容院は、一九三六、七年頃に全国三五店舗と六百数十名の従業員を有する日本一の美容院チェーンだった。大阪心斎橋の丸善本店では、百六十数名の従業員が働いていたが、その人数では詰め掛けた客をさばききれなかった。時代が下って一九四〇年頃、丸善ではパーマネントは七円で、一日の総売り上げが一万円を超えることも珍しくなかった。皆がパーマネントをかけていたとして、一日あたり一四〇〇人以上来店していたということになる。当時心斎橋本店の支配人だった板橋敬二によると、店の外まで客の列が途切れなかったため、順番抜かしができる「特急券」を五円で販売したところ、それも瞬く間に売り切れたという。[3] 銀行員の初任給が七〇～七五円程度だった時代に、[4] 一二円をパーマネント代に使う女性たちがたくさん詰め掛けていたというのである。

丸善美容院はブランド力で比較的高い価格を維持していたようだが、東京ではパーマネント機の国産化によって低価格化が一気に進んでいた。一九三八年の東京の美容院の新聞広告を見ると、パーマネントは有名店も含め総じて三円になっている。上野で一九三八年に開業したパーマ専門店オリエント美容室では、マシンを五、六台設置し、六人の美容師を雇っていた。客が毎朝どっと押し寄せたため、六時から三五人分の整理券を用意しても、たちまち売り切れた。このオリエント美容室ではパーマネントの価格は三円だったが、それでも経営者の上村寛一郎が「うち一軒で下谷〔現在の台東区〕にある九十四軒の〔美容院の〕税金を納めることができた」と豪語するほど繁盛していたという。[5]

また、東京の洋髪専門店で長く働いていた飯盛ハナは、洋髪専門のパンサ美容室に一九四三年に転職し、同じ年に甲府支店に派遣された。「地方もパーマが全盛でてんてこ舞い」で、お客が途切れることはなかった。戦争末期に空襲が激しくなったため、彼女は故郷の岩手県黒沢尻に帰ったが、それまで甲府の店には女性客たちが来続けていたようである。[6] 東京や大阪などの大都市だけではなく、地方都市に進出した洋髪系の大型店にも女性客たちが押しかけていた。しかもこの飯盛の回想では戦争がかなり押し詰まった一九四五年頃でもまだ店ではパーマネントをかけており、しかも随分流行っていたようである。

「防空壕の中でもパーマをかけた」

パーマネント機を多くそろえる洋髪やパーマ専門の大型店が登場し、多くの女性客を集める一方、この時期の多くの美容院は技術者である髪結や美容師が数人の弟子を雇って店を経営する小規模な事業だった。戦前は参政権だけでなく、財産権等の権利が女性には認められていなかったため、女性たちが自分名義で事業を始めることやそのために借金をすることは非常に難しかった。このため、一台七〇〇円もするパーマネント機を購入することは、日本髪の結賃が一円、コテの洋髪で七〇銭程度で商売をしていた小規模自営業者の女性たちにとっては非常に大きな決断であった。[7] 特にまだパーマネント機が導入されていない地方で、反対運動の盛り上がりを考えると、業者にとって高額の機械を買い入れるというのは、かなり勇気が必要だったと思われる。いろいろな地方の髪結や美容師の回想記から、「パーマネント機で家が一軒建った」という同じ言葉が出てくるが、それくらいの大金を投資しているという意識が共有されていたのだろう。

しかし同時に、パーマネント機を戦時に購入した美容業者からよく聞くのは、「ひと月で元が取れた」という言葉である。実際に「ひと月」で投資が取り返せたかどうかはともかく、美容業者たちが思っていたよりも早いペースで客が来たため、思いがけない速さで資金が回収できたということであろう。東京でパーマネント機の講習会（および販売会）を開いていた山野愛子は、無担保の後払いで売る場合もかなりあったと回想している。「だって、取りっぱぐれなんかないんです。機械〔パーマネント機〕入れると、どの店もどんどん儲かるんですから」。[8] 女性客たちが押し寄せていたのは、東京や大阪などの大都市の大型美容院だけではなく、小規模美容院、それも札幌、水戸、浜松、熊本など各地の地方都市でも同じだったようである。

地方の美容師の話でさらに驚くのが、各地で「防空壕の中でもパーマをかけた」「空襲でもかけた」という話が頻繁に出てくることである。パーマネント機を使い続けることが難しくなった戦争末期においてもパーマネントの人気は衰えなかったため、茨城の小山テリは「店の裏手にあった防空壕のなかへ自家発電機を備えて電力を供給したこともあった」と語っている。[9] 戦後三〇年から四〇年が経過しても、戦時にパーマをかけていた美容師たちにとって、当時の女性客たちのパーマにかける情熱は驚異であり、完全には理解できないようである。一九八七年に行われた岐阜の美容師の座談会では、空襲時にもパーマをかけ続けたことが語られている。[10]

野原　女心といったら、戦時中、空襲きますでしょ。それでもパーマやってたんだから。夜はカーテンをサァーッとひいて。

家田　頭まいたまま防空壕に入ってもらって。

野原　防空壕にも、パーマの道具だけはきちんといれてあったんだから。

当時は現在のような「営業時間」という観念がなかったので、朝の五時には客が店の雨戸を叩いて店を開けさせたり、深夜まで順番待ちをする客もいた。下から狙い撃ちされるのを避けるため、米軍による空襲は夜が多かったが、灯火管制になっているはずのそのような時間まで客が店にねばっていたということであろう。さらに、空襲の中でもパーマをかけ続けていたというから驚きである。夜間の空襲の中でもパーマをかけている女性たちが、大垣などの地方都市では一九四五年になってもまだいたということであろう。しかも、逃げ込む先の防空壕の中にも、当然のようにパーマネントの道具は準備されていた。このパーマネントの道具というのは、先に見た茨城の例のように自家発電装置を備えたパーマネント機の場合もあれば、後で触れる「木炭パーマ」の可能性もあったと思われる。いずれにしろ、地方都市では誰がパーマネント反対運動をしているか、誰が店の悪口を言っているかということは大都市部よりもはっきりと美容師の側にも伝わっていたはずである。その状況でも美容院の営業を続けることができたのは、女性客たちが美容師たちを必要としていたからであろう。

誰がパーマネントをかけたのか

では、「奢侈」「浮薄」と非難の声が響く中で、パーマネントをかけていたのはどのような女性だったのだろうか。昭和初期、パーマネント機がアメリカから輸入されていた頃は、一回パーマネントをかけるのに三〇円ほどもかかったため、上流の贅沢な髪形だと考えられていた。その後、一九三〇年代半ばからのパーマネント機の国産化の中で、東京などの都市部ではパーマネント価格が下落した。そうした低価格化の中で、さまざまな階層や立場の女性たちがパーマネントをかけるようになっていく。

上流層ではパーマネントをかけることは「当然」だったらしく、日本女子大では「家庭の影響等から何気なくパーマネント・ウェーヴをかけているお嬢さんがどうしても絶え」ないという状態であった。[11]「転向」した女子大生たちが「非常時女子大型」の束髪にするよう他の女学生たちに呼びかけたことが一九三八年に新聞記事になっているが、この時期の他の運動同様、どの程度実効性があったのかは定かでない。この一九三〇年代後半には、女学生、女子大生（専門学校生）などの比較的裕福な階層の若い女性たちがパーマをかけるようになっていたようで、パーマネント業者の同業組合でも女学生にパーマをかけることを「絶対謝絶」するよう申し合わせている。

職業を持つ女性たちもパーマネントをかけるようになっていた。陸軍省では一九三九年八月末にガリ版刷りの「お達し」が配布されたが、それによると「陸軍省に職を奉ずる女子たるものは、華美ならざる和装を本則とし、洋装は当分の内質素なものに限り許可。〝風変わりな型〟は罷りならぬ。口紅、頬紅、まゆ墨も右に同じ。問題のパーマネント・ウェーブは断固廃止」ということである。[12] ガリ版刷りの「お達し」をわざわざ配布しないといけないほど、陸軍省で働く女性たちの間でもパーマネントは流行っていたということであろう。

また教員の女性がパーマネントをかけていることが多いのも問題視されており、一九三九年に文部省の教育監察隊による報告では「女子教育の欠陥」として、「日本婦道」を教えるはずの女性教師たちが「パーマネントや身だしなみ以上の化粧をしている」ことがままあると指摘している。[13] 文部省監察隊による指摘は当の女性教師たちには響かなかったようで、一九四三年になっても「パーマネント先生」という投書が新聞に載っている。

学校の引け時間のことである。四、五人の学童と一緒になったのであるが、そのうちの先頭に立っていた児《こ》が「ヤマアラシが来た」と言ったので、私も何気なくその方を見ると本当にヤマアラシのようなパーマネントの婦人である。すれ違う時にこの一団の児達が「先生さようなら」といったので、このパーマネント女史が先生であることが解った。

これらの児達は教師を心から尊敬しているようにはどうしても思えない。今の挨拶もただ形だけのものである。と同時にこの皇国興廃の非常時にパーマネントをかけて教学の先頭に立つ教師にも日本女性としての本当の覚悟ができていないのではないかと感じた。

たまたまかかる生徒とかかる教師を偶然に視たのみではあるが、路上一片の些事とかたづけてよいものであろうか。[14]

滝野川区（現在の東京都北区）の女性の投書である。「ヤマアラシのようなパーマネント」をかけた小学校教師と思われる女性と生徒のやり取りを見かけた投稿者は、「路上一片の些事とかたづけてよいものであろうか」として、事態の普遍性について示唆している。この女性が憂慮しているように、一九四三年という時期になっても、小学校でパーマネントをかけている女性教師が相当数いたということであろう。

パーマネントをかけていたのは、これらの職業婦人のように比較的高い教育を受けた女性たちだけではなかった。一九三〇年代後半の戦争景気に沸く工場街では、女工たちの間にパーマネントが急速に広まっていた。また序章でも触れたように、女工が多く働くようになった「京浜工場街」では一九三八年一二月に一斉に「パーマネントウェヴ嬢お断り」の声明を出した。

理由はモジャモジャ娘は概して虚栄心が強く、カオ、カタチに気を取られ〝御化粧所《トイレット》〟へ立つ回数が多く従って事務の能率が上がらぬというにあり、これは各会社の労働能率統計表に表われた共通の結果で、川崎電話交換局は事変勃発間もなくこれを実行して大いに能率を上げているという。[15]

川崎電話交換局ではパーマネント禁止措置が業務効率改善に功を奏したようであるが、このような「お断り」が工場地帯に行き渡っていたかというと、そうではなかったようである。一九三九年五月の『朝日新聞』によると、蒲田、川崎、鶴見、赤羽、大宮、川口などの工場地帯で働く女工たちの平均収入は「九三円〜一〇〇円」とも言われており、彼女たちの生活が非常に「華美」で「パーマネントをかけて映画に通」っていると報告されている。[16]

パーマネントは日本髪がトレードマークの芸者たちの間にも広がっていた。戦時景気の高まりから、各地の花柳界は日中戦争開始前よりもむしろ儲かっていたと言われており、この時期は業界では地毛で結う日本髪からかつらへの移行期と捉えられている。芸者たちの多くがこの時期に地毛にはパーマネントをあてるようになったため、かつらをかぶってお座敷に出ることが激増したと言われている。岩手から一九三三年に上京し、上野広小路の小川屋結髪所で修業した菅沼キミヨは、お礼奉公を終えた一九三九年に主人から店を譲られることになった。「パーマネントは敵」と言われた時代にもかかわらず、客であった芸者衆は「髪を短く」し、座敷に出るときはかつらをかぶるようになっていた。このため、菅沼はかつらの結い直しばかりするようになったが、地毛を結うのとかつらを結うのでは要領が違ったため、せっかく髪結として独立したにもかかわらず、銀座の岡米かつら屋を手伝いながらかつらの勉強をやり直すことになってしまったと回想している。[17]

図2-1　盛岡市八幡町の麗人部隊（1939年）

実際には東京でも神楽坂のあたりでは地毛で結う芸者も多かったようだが、[18]新橋、下谷などの大きな花街ではパーマネントが席巻していたようである。そしてこれは地方都市の花柳界でも同じ状況だったと思われる。盛岡で一番と言われた八幡町の花柳界では、日中戦争の郷土部隊の慰問団として一九三九年に芸者衆による「麗人部隊」を組織したが、記念写真を見ると彼女たちは揃いのスカート姿のスーツスタイルに、洋髪である。[19]この髪形は「淑髪」と呼ばれた控えめなパーマネントであり、前髪と後ろ髪にカールをつけて形を整えていたと思われる。

職業を持たない主婦たちもパーマネントをかけていた。もともとパーマネントは非常に高価であったため、上流階級の「有閑婦人」の髪形であるとみなされていたが、家事に追われる「子持ちなればこそ」、活動的な髪形であるパーマネントが必要であるという主張も出始めていた[20]。また軍需景気の中で重工業に従事する男性労働者数と彼らの給料が増加するとともに、工場労働者層の家庭でも専業主婦が増加した。これら労働者家庭の主婦女性たちの間でパーマネントが大流行していることが、厚生省労働局の懇談会で問題となっている。「勤労家庭銃後生活刷新促進懇談会」には羽仁もと子、奥むめお、谷野節子、高良富子など労働者階級の女性たちの問題に詳しい著名な女性有識者が出席しており、以下のように労務者家庭の問題を説明している。

〔収入の増加した工場労働者の家庭では〕生活が著しく華美となりパーマネントウェーヴ等の流行となっているが、妻は夫に仕える方法を知らず、裁縫や料理法も知らぬため既製衣類料理の出前物、缶詰等が氾濫、従って夫は外出勝ちとなって交際費が嵩み、結局収入の増加が家庭生活の向上を阻んでいる等の実情が述べられ、これに対する刷新方法が論議された[21]（後略）

「貯蓄報国」が奨励されていた時期であるが、「夫に仕える方法を知ら」ない労働者階級の女性たちが「華美」な生活をするために、「収入の増加が家庭生活の向上を阻んで」いると指摘されている。その「著しく華美」な生活の「証拠」とみなされているのが、「パーマネントウェーヴ等の流行」なのである。実際に労働者家庭の女性たちが食料や衣類の既製品を多く購入していたかどうかは不明だが、少なくとも彼女たちの間で目に付くほどパーマネントが流行していたことは確かであろう。

2　バッシングが巻き起こした議論

暴力的な侮辱への共感

このようにさまざまな階層、立場、地域の女性たちの間にパーマネントは広がっていた。しかし、同時に彼女たちは「社会問題」と位置付けられ、問題視され続けた。美容業者やパーマネントをかけている女性たちに対するバッシングも先に見たように続いていた。一九四〇年八月の『読売新聞』では、名古屋の市電の中で起こった「珍事」を、以下のように伝えている。

名古屋市内広小路を走る市電に贅沢監視隊ならずとも一応はとがめたくなるような派手な洋装女性がツンと構えて乗り込んだ。乗客一同まじまじと顔を見るほどのケバケバしさに堪えかねたか立ち上がった一青年が「そのパーマネントは幾らでした」と尋ね、「十三円よ」と答えるのを待って「時勢を知れッ」とばかりやにわに女の雀の巣頭に手を突込んで掻きまわしたものだ。

「きゃッ」という彼女の悲鳴にも乗客たちは〝それが当たり前―〟といわんばかりに小気味よげに眺めるばかり、雀の巣女史はまっかになって退散。

これは数日前の珍事だが、名古屋全市に電報のように伝えられてパーマネント女性間に市電恐怖症が蔓延、最近の市電にはパーマネント嬢がほとんど見られなくなったという。[22]

「雀の巣女史」と揶揄されるパーマネントをかけた女性にとって、この突然の出来事は間違いなく恐怖を感じる体験だっただろう。しかし、名古屋の記者によれば、市電に乗り合わせた他の乗客は、彼女が辱めを受ける様子を「小気味よげ」に眺めていた。本当に彼らがそう感じていたかはわからないが、少なくとも誰もパーマネントの女性をかばおうとはしていない。この出来事を東京に伝えた名古屋の記者自身はパーマネントの女性が受けた侮辱を「当たり前」と「小気味」よく感じている。ニュースを東京の読者に伝える東京読売新聞の記者も、この出来事を「珍事」とまとめており、パーマネントの女性が侮辱されたことを痛快に感じていると同時に、記事の書き方からして、そのような記者の感じ方が東京の読者にも共感されることを自明視している。この記事において、市電の乗客、名古屋の記者、東京の記者、そして東京の読者という四重の視線にこのパーマネント女性は取り囲まれ、さらし者にされているのである。

このように公衆の面前で見知らぬ男性からパーマネントをかけた女性が面罵されるというのは、名古屋だけではなく全国各地で起きていたようである。パーマネントは一度かけるとなかなか元のまっすぐな髪には戻らなかったので、女性たちはパーマネントをかけた事実を隠すことができず、街頭や市電の中など、公衆の面前で見知らぬ人々から突然糾弾されることもあった[23]。女学校から動員された遠野駅で「パーマは非国民だ」と「兵隊上がりの教官」から怒鳴られたという女性の回想もある[24]。パーマネントを特高に見とがめられて、「非国民」と叱責された女学生が自殺してしまい、美容業者が大きなショックを受けたこともあった[25]。そして、このように公然と非難される若い女性たちを周りで眺めている人々がいたことも確かであったようである。

しかし、パーマネントをかけた女性たちは攻撃におびえていただけではなかった。一九四〇年一一月の『朝日新聞』「女性翼賛の道を聴く　生活指導部と共に」という記事では、大政翼賛会国民生活指導部副部長で医学博士の野津護、伊藤博、下澤菊江が、教員、少年保護司、作家、保母などの職業婦人の質問に答えている。その中で出席者の職業婦人から以下のような質問が出ている。

問　パーマネントをした女性が戸山ヶ原で男性から公衆の面前で唾を吐きかけられ、須磨では海に投げ込まれたというが、こんな新体制を履き違えた男性にぶつかると、きちんとした身なりの女性までも災難ですね[26]。

一九四〇年は近衛文麿首相の下、「新体制」として人心を刷新することが叫ばれていた。この年は「紀元二千六百年」として天皇制が始まってから二六〇〇年経ったことを祝うイベントが全国各地で催され、祝賀ムードが盛り上がっていた。このような中で、この出席者によると、「新体制を履き違えた男性」によってパーマネントをかけた女性がひどい辱めを受けているというのである。この質問が興味深いのは、「悪い」のが「男性」の側であると捉え、それを堂々と主張している点である。先の名古屋の例だと、東京読売新聞記者は「悪い」のは明らかにパーマネントをかけている女性であるとみなしており、市電に乗り合わせた乗客や読者も彼に同意していると考えている。これに対し、この職業婦人は、パーマネントの女性に「唾を吐きかけ」るような男性は「新体制を履き違え」ており、男性の方が「間違っている」と主張しているのである。しかも、彼女が意見を述べている相手は、大政翼賛会指導部の副部長たちである。このような新聞社が政府と協力して行った座談会は「お手盛り」のような印象があるが、出席者の発言は現在の私たちから見てもかなり大胆である。

この質問の最後では「きちんとした身なりの女性までも災難」と言及しており、侮辱を受けた女性たちは「きちんと」していない、すなわち「華美」なパーマネントであった可能性があることを示唆している。しかし逆に言うと、彼女が言及する「きちんとした身なり」には、「戦時に相応しい」と美容業者が主張していた「おとなしめのパーマネント」である「淑髪」も含まれていたということになる。こういう「戦時を履き違えた」男性がおとなしめのパーマをかけた女性まで攻撃する可能性があるから、職業婦人は、「きちんとした身なりの女性までも災難」だと述べているのである。
発言者がパーマをかけていたかどうかはわからないが（かけていたとすればおとなしめの「淑髪」であろう）、彼女は男性から侮辱を受けた女性たちと「きちんとした身なりの女性たち」の両方を守ろうとしている。「華美」なものも含め、パーマネントをかけた女性を擁護し、侮辱した男性が悪いとする価値観が存在していたということになる。侮辱を受けたパーマネント女性に共感し、彼女たちをかばう職業婦人からの質問に対して、生活指導部は、この質問が孕《はら》む問題を指摘している。

答　自分が見もしない一つの事件を一犬吠えて万犬に伝えるいわゆるデマ放送は困ります。なるほど何万人に一人ぐらいはそうした新体制を行き過ぎた男性もあるかも知れませんが、それをもってすべての男性を律したり、新体制を批判したりするのは間違っていますよ。いまは転換期ですから、一々批判している時ではなく、もっと建設的に大きなものに突き進んで行かなくてはならない時代です。

先の質問では、発言者は「きちんとした身なりの女性」という多数派が迷惑すると述べ、このような暴力的な男性が実際には多くいるのではないかと言外に匂わせている。生活指導部による回答は、「なるほど何万人に一人ぐらいは」として、「新体制を履き違えた男性」がいることは否定していない。しかし質問者のような男性全体への一般化は、「一犬吠えて万犬に伝えるいわゆるデマ放送」として問題視している。「それをもってすべての男性を律したり、新体制を批判したりするのは間違っていますよ」とも指摘しているように、指導部側は公衆の面前で女性たちを罵倒する男性たちを擁護すれば、これらの職業婦人たちは「新体制」に対しても批判的になりうると危惧していることは明らかである。

戸山ヶ原の出来事や須磨の出来事について職業婦人から質問が出ていることでもわかるように、パーマネントをかけている女性たちの間で、パーマネント女性を侮辱する男性の行為は何らかの形で「事件」として伝えられ共有されていたようである。これは先の名古屋の市電の出来事のように新聞記事などで伝えられた情報かもしれないし、手紙などの口コミかもしれない。しかし、戸山ヶ原や須磨の出来事を他の地域の女性が「知っていた」のは確かである。そして、そのようなコミュニケーションは単に「情報共有」を可能にしただけではなく、出来事に関する価値判断の共有も同時に可能にしていた。女性たちは明らかにパーマネントをかけた女性を「善」とみなし、彼女を侮辱する男性を「悪」とみなしている。〈女性＝善〉対〈男性＝悪〉という構図が作られている。このような構図は、先に見た名古屋の市電の出来事を語る記者がパーマネント女性を「悪」とみなしていた図式とは明らかに逆転している。

精動や大政翼賛会など政府からの文化指導においてパーマネントは批判対象となっており、新聞などのメディアもパーマを批判する文章を多く掲載していた。名古屋の事件の記述はいわばパーマネントに対する「公式的」な価値判断を反映していたと言える。しかしながら、パーマネントを擁護する女性たちは、このような記事が伝える構図を逆さにして読んでいた。先の職業婦人の質問でも暗示されていたように、彼女たちは自分たちの「きちんとした身なり」としてのパーマネント姿を正当化するとともに、「華美」なパーマネントの女性も擁護している。したがって、名古屋の事件のような記事は、パーマネント批判をする「男性一般」に対する女性たちの激しい批判意識を醸成し高めることになっていた可能性があるのだ。パーマネント女性たちは戦時期に、公式見解とは対立する可能性すらある価値観を共有しつつあった。

3　客と美容院の「共闘」

東北電力と交渉

このようにパーマネントをかけた女性たちは自分たちの間でパーマネントをかける行為を正当化しただけではなく、実際に苦境にある美容院に手を差し伸べることすらあった。一九四四年に岩手県大船渡町でパーマネントを始めた浅沼真佐子の店は、宮城県の気仙沼を含めて大船渡線沿線でパーマネント機を導入した第一号の店として評判を取り、女性客たちが沿線各地から訪れて店は大繁盛となった。しかしながら、電力供給の問題から、彼女の店は近所の住民との間にトラブルを抱えることになってしまった。

しかし、電力事情が極度に悪化、浅沼さんのところでマシン〔パーマネント機〕を使うとトランスが弱っていたためか、隣り近所のヒューズが飛び停電となった。苦情が殺到したが、浅沼さんも商売、それに女性の応援もあって浅沼さんは東北電力と交渉した。目尻を決した浅沼さんの勢いに係員もあきれてしまい、近くにオートトランスを取り付けてくれ、停電はなくなった。[27]（傍点筆者）

そもそも浅沼がパーマネント機を導入した一九四四年は電力制限のため東京ではパーマネント機の使用が不可能になっており、美容業者の同業組合によって自主回収されていた。地方でも電力規制は東京と足並みを揃える形で進んでいたはずで、パーマネント機を使うために東北電力と交渉するというのは、なんとも大胆である。東北電力との交渉は、もちろん商売を守るためであるが、彼女の大胆な行為を可能にしたのは「女性の応援」があったからであろう。文中ではさらっと言及されているが、大船渡線沿線一帯から女性客が押し寄せていること、そして彼女たちに支持されているという彼女の自信が、東北電力との交渉に勢いをつけたはずである。

浅沼によると、この話は女性客たちとの間の「語り草」になったと言う。美容師である浅沼と女性客たちの間で、共に勝ち取った「勝利」の記憶として繰り返し語られたのであろう。戦時中の美容師や髪結たちは、パーマネントを求める女性客たちに対し連帯意識を感じるとともに、彼女たちの気持ちの強さによって事業を続けられることを実感していた。パーマネント業者への電気供給が完全にストップした後の「木炭パーマ」の流行は、この女性客たちの「協力」をさらに際立たせることになった。

配給の木炭を持ち寄って

「木炭パーマ」の広がりは、美容業者と客との連帯意識を作り出すものとして記憶されている。木炭パーマは、技術的に考えるとコテで作る洋髪の一種であり、パーマネント機普及以前からあった洋髪技術をベースにしている。洋髪用のコテを使う場合と、パーマネント機から取り外したロッドを使う場合とがあったようだが、要はコテやロッドを木炭で熱して女性客の髪にカールやウェーブ等の型をつけるのである。この木炭パーマの製造販売はパーマネント反対が強まっていた一九四一年頃には東京で始まっていたが、実際に普及したのはパーマネント機が回収されたり、電力規制が敷かれてパーマネント機の使用が実質的に不可能になった一九四三年以降のようである。

山野愛子の夫である山野治一はパーマネント機を製造販売していたが、回収が本決まりになると、ロッドを再利用した「木炭パーマ機」を製造販売するようになった。他の業者も競って木炭パーマ機を販売するようになり、地方の美容院でも入手することができるようになった。また、パーマネント機の普及以前から洋髪をやっていた美容師たちはコテを使ってウェーブを作ったが、これも「木炭パーマ」とみなされていたようである。

木炭パーマおよびコテの洋髪の根本的な特徴は、女性客たちが木炭を店に持って来たということである。木炭パーマの燃料である木炭自体も当時はすでに配給であり[28]、したがって「家」を単位として国に管理されていたものであった。このような木炭を、女性たちが「髪形」という自分たちの「個人的」な目的のために美容院に持参してパーマをかけてもらっていたのである。美容業者に営業用として木炭が配給されることはなかったため[29]、木炭パーマという仕組みは、女性客の協力なしには成立し得なかった。新宿にオリエント美容室を開いていた美容師の真野房子は、炭火を使ってパーマをあてた経験を以下のように述べている。

戦争が激しくなるにつれて、蚊帳の吊手からドライヤー、パーマの機械など金属製のものは、すべて国家に供出ということになりました。残ったのはアイロン〔コテ〕が二つだけ。

電気も使ってはならないということで、パーマは炭火ですることになったのです。ところがその炭も配給、お客さまに持参してもらわないとできないのでした。一かけらか、二かけらの炭を五、六人分ずつ集めて七輪に火をおこし、その上においた鉄板で髪をはさむカーラーを熱しては、銀紙で髪を保護して、その上からカーラーをはさむのです。

せっかくお客さまがいらしても、炭が不足で次のお客さまを待ってということもありました。あるお客さまがいいました。

「私は薄《すすき》の枯れたのを集めてごはんを炊いて炭を節約しています。その炭でパーマをかけることができます」

私はつくづく思いました。女というものはどのようなときにも、おしゃれを捨てることはできないし、おしゃれのためにはいろいろな工夫をするものだと。そしてまた、それは女の人にとって最も大切なことであると。そのおしゃれを手伝う自分の仕事を、つくづくありがたいと思いました。[30]

炭が足りないときは次の客が来るのを待っていたとは、何とものんびりした光景である。炭を共有することで、美容院では女性客たちが木炭パーマをかけるためにお互いに協力し、ある種の仲間意識や連帯感が生まれていた可能性がある。さらに彼女たちは美容院の経営そのものを直接助けてもいた。客が持ってくる木炭がなければ、木炭パーマはかけられなかったからである。しかも、女性客たちは炭が有り余っていたから持って来たのではない。女性客の一人が述べているように、配給の炭も十分ではなかったが、「薄の枯れたのを集めてごはんを炊いて炭を節約し」て、その炭を持って店にパーマをかけに来ているのである。この女性客は明らかに主婦であるが、その家庭の主婦が「家」を単位として配給された炭を「節約」して、その炭で自分のためにパーマをかけていた。これは、当時使用された「節約」という言葉の使用法からは完全に逸脱している。「節約」は「貯蓄報国」など、あくまでも国＝公領域のために行うものであり、私的で個人的な目的のために行うものではなかったからである。[31]

当時の炭やコメなどの生活必需品の配給は、男性が動員されていたため女性たちが中心に行っており、それらを通じて女性たちの活動は国家と直接結びつけられることになった。女性たちの参政権は否定されたが、配給や資源回収など婦人会を中心に進められた生活に密着した精動活動によって、それまで私的なものとみなされていた家族の生活領域の活動が公的な意味合いを強めた。[32] 戦中に女性が「公的」な活動をする際の基礎となったのが「産む性」、すなわち「母」としての女性という位置付けであり、彼女たちの所属する場は第一義的には「家」であった。[33] 彼女たちはあくまでも「家」のために尽くすと同時に、国家に役立つ子供を産み育てる（「母」）ことで、公的な性格を獲得し、生活を「公領域化」する活動への参加を正当化していたのである。[34] 配給や資源回収などの活動は、生活領域を公領域化すると同時に、女性たちを「家」の代表として位置付け、[35]「家」と国家と結びつける役割を女性たちに付与した。[36]

これに対し、木炭パーマは「家」に配給された木炭を、女性たちが自分たちの髪形のため、すなわち「個人的」な目的のために利用するものであった。[37]「家」を基礎単位として、「家」の代表である女性たちと国家とを結ぶ配給のシステムから、彼女たちの行為は完全に逸脱していた。そして、このような女性たちは真野房子のオリエント美容室だけではなく、全国各地の美容室に押し寄せていた。山野愛子の店では木炭パーマになってからも客が多くて炭が余るほどだったため、「余った炭をお米だの野菜だのと交換して食べてましたから、戦争中もひもじい思いはしないですみました」と述べている。[38]

国賊だと石を投げ込まれても

山野愛子は戦時中にパーマネント講習会を開いて有名になったため特別とも思えるが、木炭パーマになってからも客足が絶えなかったという話は全国各地に残っている。例えば、先に紹介した大船渡の浅沼真佐子の店では、木炭パーマになると前日の晩から「客が泊まり込」んで順番待ちをするようになってしまった。当時浅沼の一番弟子として浅沼美容院で働いていた吉田コヨシは、当時の状況を以下のように述べている。

〔吉田コヨシは〕木炭をいじって手が真っ黒になり、また一酸化炭素中毒にかかってふらふらになったこともあり、なにが美容だと思ったものだ。それでもパーマをかける人が多く、前の晩から木炭二、三本を持ったお客さんたちが訪れ、朝一番にかけてもらいたいと泊まり込みで順番を待った。吉田さんは応対に追われ、仕事は徹夜だった。[39]

岐阜の美容師の話でも、灯火管制の中で夜にパーマネントをかけている話が出てきたが、この大船渡の女性客たちは「前の晩から」店に「泊まり込み」で順番待ちをしているというのである。

また、同じ岩手の金田一駅前で開業した大下ツルはパーマネント機を持っていなかったので、日本髪とコテでウェーブやカールを作る洋髪を提供していた。大下は大阪で修業をして腕がよかったため金田一で評判を取ったが、彼女は「農家のおかみさんには髪をさっぱりした方が働きやすいと洋髪を勧め好評だった」と述べている。金田一でも戦時中に髪を短くして「パーマ風」にする女性が増え、コテで作る洋髪が農家のおかみさんや一般の女性たちに取り入れられたという。[40] 木炭パーマの原理はコテの洋髪と同じだったため、大下ツルは大阪で磨いた洋髪技術をそのまま利用して、流行のカールを作った短めの洋髪を金田一に持ち込んだのだろう。

しかしながら、木炭パーマによって女性客たちから支持されていた美容院も、地域社会においては難しい立場に置かれていた。女性のもっとも重要な役割は「天皇の赤子」を育てることであり、各家に配給された木炭は、夫や子供のための調理に使われるべきであるとみなされていた。その木炭を持って女性たちは美容院の前に行列していたのである。秋田の美容師中村芳子は、一九四三年に電力が止められたため木炭パーマになったにもかかわらず、女性客たちがパーマネントを求めて炭を持って店にやってくる様子を以下のように述べている。

> 店の前には相変わらず行列でした。戦争も女性の美しさへのこだわりを押さえることはできなかったのです。わたしは本当に感動しました。
>
> しかし「辛い、辛い日々」でもありました。
>
> みんながパーマを歓迎している訳ではありません。お国の一大事に敵国のパーマをかけるの

は国賊だといって――店の前に炭をもって並ぶ数に勝る中傷、非難の嵐が吹き荒れました。「アメリカのまねをするな」と店に石を投げ込まれた苦い思い出もあります。しかし、わたしはパーマをかけることを一度も止めようとは思いませんでした。求めるものがいる限り、それに応えていこうと心に誓っていました。[41]

炭を持って美容院の前へ並んでいる女性客たちが逸脱していることは、他の人々の眼にも明らかだったのであろう。岩手でも「愚戦末期のヒステリー時代[42]」と言及されており、おそらくこの木炭パーマという仕組みの根本的な問題がパーマネント批判を再燃させたのだと思われる。

木炭パーマが盛んになった一九四三年から一九四五年という戦争末期には、業界団体ですら「活動的」な髪形としてパーマネントの提案は行っておらず、「パーマネントに代わる簡単で便利な整髪法」による髪形の提案を行うようになっていた。[43]パーマネントを公的な領域に位置付けるレトリック（「パーマネント報国」）は、業界団体ですら使うことが難しくなっていたのである。

このような時期に木炭パーマは全国に広がっていき、女性客たちが炭を持って順番待ちをする姿があちらこちらで見られるようになった。パーマネントをかけること自体の個人的な意味合いが強まる中で、さらに女性客たちは「家」単位に配給された木炭を彼女たちの個人的な目的のために利用していた。このように女性客たちの規範からの逸脱による美容業者への協力なしには、木炭パーマは成立しなかった。女性客たちの逸脱によって木炭パーマは流行したのである。

経済統制と女性規範が交わるところ

戦時中の経済統制は「経済犯罪」を爆発的に増加させることになった。法的に商取引の買い手側を取り締まることができなかったため、統制の範囲を広げれば広げるほど、闇取引の領域が広がってしまうという結果を生んだ。闇取引を抑制するために強調されるようになったのが、「遵法精神」という精神運動であり、精動はすべての経済活動を「公的」＝「報国的」な行為として位置付け直す意味付けを行った。[44] 統制によりパーマネント機の製造や販売が困難になっていくこと、パーマネントをかける女性客たち（＝買い手側）に対する精神的な「説得」の活動（「パーマネントはやめましょう」）が繰り返されたことは、大きく見るとこのような戦時中の経済環境の変化の中で起きていたと考えることができるだろう。

しかしながら、パーマネントへの社会の関心は、他の統制対象と比較して突出したものであった。各種原材料の使用制限令や電力の使用制限令など、個々の制限令は幅広い統制対象を持っていたにもかかわらず、新聞などでそれが報じられる際は「いよいよパーマネントともお別れ」などの見出しが付き、あたかもパーマネントが統制の目的であるかのように提示された。パーマネントは経済統制と女性規範という二重の関心の交点に位置する問題であり、そのためパーマネント批判は苛烈になり、「公的」な問題として位置付けられるとともに、「非国民的」なものとして繰り返し排斥されることになった。これに対し、美容業者やパーマネント機製造業者、そして美容雑誌関係者などは大日本電髪理容連盟を組織して、国家に対し恭順を示し、パーマネントを「報国的」なものとして再定義して営業権を守ろうとしたが、果たせなかった。

しかしながら、戦時中のパーマネントの広がりから見えてくるのは、国家総動員という上からの呼びかけに対し、応答しなかった女性たちやパーマネント業者の存在である。戦時中の動員の一つの重要な特徴は、公的領域の「国家」が私的領域の「家」と直接結びつくことになったという点である。すなわち、国の政策の実践の場として「家」という単位が重視されるようになった。[45]そして男性が戦場に動員される中、「家」を中心とした活動の実践主体は多くの場合は女性となった。戦争前期は国防婦人会、愛国婦人会などの婦人会組織で、そして一九四〇年以降は町内会や隣組という場で、女性が中心となって国からの呼びかけに応え活動することとなった。[46]木炭パーマに使用された木炭も配給という町内会ベースの活動を通じて各戸に配分されたものであり、国家と「家」、そして「家」の代表としての女性を結びつける装置として機能した。このように配給された木炭を、髪形という「美的目的」のために「私的」に利用するということは、配給の「公的」な役割を否定することであり、戦時の女性規範から逸脱するものであった。

女性客たちやパーマネントをかけ続ける美容師、髪結、そしてパーマネント機やソリューション、木炭パーマ機を作り続ける業者たちは、国家に対し表立って戦争や動員に「反対」を表明したのではない。彼女たちの「逸脱」は、政治的な意味での「レジスタンス」とは違ったものである。しかしながら、たとえ女性客、美容業者や製造業者が商業的文脈や文化的文脈で自分たちの行為を理解していたとしても、それを「政治的」＝「非国民的」として位置付ける解釈枠組みが精動、婦人会、メディアなどによって構築され、喧伝されていたのである。彼らの行為は、当時の文脈では「私的」な領域の問題ではなく、「公的」な問題であると位置付けられた。そして苛烈な攻撃を多方面から受ける中で、美容業者や製造業者自身も、彼らの行為の政治性を意識せざるを得なかったのではないだろうか。

先述の秋田の美容師中村芳子は、戦時中に東京の山野治一がソリューションの製造法を教えてくれたことを回想している。その際、山野治一は「美容の灯を消さないよう頑張ろう」と彼女に語ったという。[47] 美容業を続けること、美容機材や薬剤の製造を続けること、それ自体が美容業を守る「戦い」として意識されていた。そして女性規範から逸脱し続ける女性客たちは、美容業者の「同志」であった。

1 『朝日新聞』一九四〇年八月二八日付。
2 牛山喜久子『人生合わせ鏡』主婦の友出版サービスセンター、一九九五年。日本の業界の国策協力的な姿勢に嫌気がさしたのか、牛山喜久子は一九四二年に夫と共に上海に渡り高級な美容院を出している。
3 『美容と経営』六五号、一九七〇年一〇月。
4 週刊朝日編『値段史年表——明治・大正・昭和』朝日新聞社、一九八八年。
5 「ある人生——母のぬくもりを味わえなかった子供の頃」『美容と経営』六九号、一九七一年二月。

6　岩手県美容業環境衛生同業組合『いわて美容物語――岩手県美容業環境衛生同業組合創立30周年記念誌』一九八七年。

7　山野治一によると一九三五年頃は七〇〇円で販売し、もうけは三〇〇円であった。一九四〇年には製作費が五〇〇円、売り値は二〇〇〇円であった。山野治一『美容界を生きる――山野治一・語録』女性モード社、一九七八年。

8　山野愛子『愛チャンはいつも本日誕生』日本図書センター、二〇〇四年、九三頁。

9　茨城県美容業環境衛生同業組合『組合設立四〇周年記念誌――茨城美容のあゆみ』一九九九年、四四-四五頁。

10　「座談会　西美濃　女髪結事始」『月刊　西美濃』一二六号、一九八七年一一月。

11　『朝日新聞』「髪にも〝非常時型〟」一九三八年七月一三日付。

12　『朝日新聞』一九三九年八月三一日付。

13　『朝日新聞』一九三九年六月二三日付。

14　『読売新聞』一九四三年二月一三日付。

15　『読売新聞』一九三八年一二月一四日付。

16　「殷賑工場街の〝光と影〟」『朝日新聞』一九三九年五月一〇日付。

17　岩手県美容業環境衛生同業組合前掲書。

18　岩手県美容業環境衛生同業組合前掲書。

19　及川和哉『ひだりづま　盛岡芸者いまむかし』八重岳書房、一九九一年。

20　「読者眼　パーマネント経済」『読売新聞』一九三九年六月二一日。

21　『朝日新聞』一九三九年三月一七日付。

22　『読売新聞』一九四〇年八月二六日付。

23　名古屋の市電で男性がパーマネントをかけた若い女性の「頭に手を突込んでかきまわした」という記事が『読売新聞』（一九四〇年八月二六日付）に掲載されている。また街頭で街行く女性を呼び留めていたのは婦人会だけではなく、美容師が「淑髪」を指導する業界団体の活動もあった（『読売新聞』一九四〇年八月二八日付）。この意味では、美容師や髪結たちがパーマネントをかけた女性たちを「いじめる」側であると受け止められた場合もあった。妹が街を歩いていて淑髪連盟の美容師に「五度」も呼び止められたということに憤った兄による投書もある（「結髪監視」『朝日新聞』一九四〇年九月一日付）。

24 井手クニ「戦争が私に体験させたこと」岩手県地域婦人団体協議会『平和を求めて――岩手婦人の昭和時代』、五六‐六〇頁。

25 小川智子『女が美しい国は戦争をしない――美容家メイ牛山の生涯』講談社、二〇一七年。

26 『朝日新聞』一九四〇年一一月一八日付。

27 岩手県美容業環境衛生同業組合前掲書、一一二頁。

28 木炭は一九三九年に木炭配給統制規則により統制の対象となり（『読売新聞』一九三九年一二月一九日付）、一九四〇年の木炭需給調節特別会計法により国家管理されることになった（『読売新聞』一九四〇年三月一四日付）。

29 木炭パーマに関する業者の記述では、客が店に木炭を持ってくるのは「当然」として語られている。山野治一前掲書、七一頁など。この時期にパーマネント機が電力規制で「使用不可能」になることに対する営業権の補償交渉があったため、交渉を有利に進めるためにも表立って「木炭パーマ」のために木炭の配給を要求することは業界団体としては行わなかったようである。

30 真野房子『着付けひとすじ――真野房子きもの人生』女性モード社、一九八一年、七三‐七四頁。

31 「節約」が「貯蓄報国」と混同される形でこの時期に公領域の問題とされることになった経緯については、米山忠寛「昭和戦時期日本の国家財政と家計――貯蓄奨励の論理と構造」（法政大学大原社会問題研究所、榎一江編著『戦時期の労働と生活』法政大学出版局、二〇一八年）を参照。

32 折井美耶子、岩井サチコ「戦争と女の日常生活――一九三七〜四五年」女性史総合研究会編『日本女性生活史 第4巻 近代』東京大学出版会、一九九〇年、一九九‐二四五頁。

33 近藤和子は鹿野政直『戦前・「家」の思想』（創文社、一九八三年）を引用しながら、一九三〇年代に

「母性論」が浮上したのは、同時期に伝統的な「家」の解体が進んでいたため、実体のない「家」意識を補完するものとして『「母」の観念が十五年戦争下での、『家』の思想の軸として浮上」したと指摘している。近藤和子「女と戦争――母性／家族／国家」奥田曉子編『女と男の時空――日本女性史再考10 鬩ぎ合う女と男　近代（下）』藤原書店、二〇〇〇年、四八五‐四八六頁。

34 藤井忠俊『国防婦人会――日の丸とカッポウ着』岩波書店、一九八五年、一七四‐二一〇頁。

35 戦時中に生活領域の活動の基礎単位となった「隣組」のメンバーシップは「主婦」と「世帯主」（男性）を同格で扱った。西川祐子「戦争への傾斜と翼賛の婦人」女性史総合研究会編『日本女性史　第五巻　現代』東京大学出版会、一九八二年、二三七頁。

36 折井、岩井前掲書、二三八‐二三九頁。

37 客が店に「個人で使用する」目的で木炭を持ってきて「使用する」ことは、店側が木炭配給統制規則違反を犯さずに済むという面もあった。配給された木炭を営業目的で売買することは統制違反だったからである。出口雄一氏の指摘による。

38 山野愛子前掲『愛チャンはいつも本日誕生』一〇二頁。

39 岩手県美容業環境衛生同業組合前掲書、一一六頁。

40 岩手県美容業環境衛生同業組合前掲書。

41 中村芳子『想いはるかなりけり――九九歳の美容人生・思い出しつつ』私家版、一九九八年、四三‐四四頁。

42 「盛岡・はま美容院――〝パーマは美しく〟」『東北文庫』八巻五号、一九五三年、二九‐三一頁。

43 『朝日新聞』一九四三年五月五日付。美容師小幡恵津子、佐藤まち子の提案による髪形だが、この時点では両者は「東京産報」に所属すると記されている。

44 出口雄一「戦時期の生活と『遵法運動』」法政大学大原社会問題研究所、榎前掲書、二四五‐二七二頁。

45 米山前掲論文、二七三‐二九三頁。

46 藤井前掲書、一九五－一九六頁。

47 中村前掲書、四五頁。

第Ⅱ部　モンペと女性ファッション

第3章　和服から洋服へ——変化の時代

1　錯綜する価値観

「線香花火のように散ってしまいそう」なモンペ

戦時の女性はモンペスタイルとしてイメージされることが多い。日中戦争開始後の総動員体制の中で、地域の防空演習にモンペ姿で参加する婦人会の女性たちや、地方から上京した女子青年団員がモンペで皇居周辺を行進する姿などが、盛んに写真に撮られ、新聞などのメディアを通じて報道されていた。このような報道は、モンペの女性たちの活動を体制に「協力的」なものとして積極的に記述し、彼女たちの姿を「凜々しい」と形容して好意的に描いた（図3－1）。

モンペ姿で戦時に協力的な活動をする女性の姿は、一九三七年に防空法が制定され、家庭防空群が主要都市で作られてからよく見られるようになった。家庭防空群の設置により、家庭が防空の中心となり、主婦の活動が重視されるようになった。バケツリレーや梯子のぼりなどが主婦によって担われる中で、和服にカッポウ着で参加していた主婦たちがより活動的な服装を求めてモンペをはくようになったと言われている。[1] モンペはもともと東北の農村の女性たちの活動着であり、和服の上から着用して、着物の前部が開いてしまうのを防ぐものであったが、訓練中に和服の裾が開くことを嫌がった女性たちがモンペを着用して参加することが増えていったようである。モンペ姿の女性たちは写真に撮られ、新聞などで模範的な女性の活動として頻繁に紹介された。

このためモンペをはいた女性のイメージは戦争協力のもっともわかりやすい象徴の一つとして、一九三〇年代後半以降、頻繁にメディアに登場することになった。

では、この時期以降、女性の服装はモンペ一色になったのだろうか。新聞などのメディアではモンペ姿で地域活動に参加する女性たちが盛んに報道されたにもかかわらず、同時期の多くの洋裁専門家や風俗研究家などは新聞でのインタビューで、「モンペは見苦しいので都会の女性には流行しない」と発言している。例えば一九三九年六月二八日から七月三日まで『朝日新聞』に連載された「事変下の風俗——どう変ったか?」という座談会では、画家の和田三造、仲田菊代、社会学者の今和次郎の三人が女性の間に流行するさまざまな風俗についてコメントしており、モンペについて以下のように語っている。

図3－1　モンペ姿で活動する女性たち(『朝日新聞』1938年8月7日)

和田氏　一時モンペを非常時服として宣伝したことがありましたが、結局あれも線香花火のように散ってしまいそうです。モンペも単に労働のためにこれを強制せず、一つのおしゃれとして善導していくような、為政者に余裕のある導き方でないと、これが自然に婦人の間に行われるようにはなりますまい。格好のいいモンペを作ればすすめなくとも盛んになりますよ。
今氏　この頃の精動の主張は一元的な嫌いがあるように思います。
和田氏　風俗や服装などは強制ではいかぬものだと思う。（後略）
仲田女史　この問題では何と言っても綺麗であることが根本的な条件ですね。

和田によると、「非常時服」としてのモンペは、一九三九年の時点でもう「線香花火のように散ってしまいそう」な状態にある、すなわちモンペの「流行」は終わりそうだというのである。「非常時服」や「労働」のための服装として精動がモンペを「強制」しても、モンペの格好が悪いために若い女性たちは受け入れないだろうと和田は考えている。「格好のいいモンペ」なら強制しなくても女性たちは着るようになるが、今のままでは無理だろうという和田の主張に今も仲田も同意している。

このような論調はこの後も続き、新聞ではモンペではなくズボンの作り方の記事が頻繁に掲載されている。例えば一九四一年八月二二日の『朝日新聞』ではデザイナーの島村フサノが「防空演習に便利なズボン」という記事で「モンペよりは見た目もよくズボンの両側はファースナー付きのポケットとなっています」と紹介している（図3－2）。また同年一一月二二日の『朝日新聞』にはエーザンス学院長の岩本許子が「誰にもできる防寒によいズボン」という記事を書いているが、ここでも「モンペほど無恰《ママ》好でなくズボンほど作り難くない」と紹介しており、モンペが「無恰好」であることは当然とみなされている。一九四三年四月一三日の『読売新聞』では武藤貞一が「女子の服装」という文章において、「防空とモンペは今や日本婦人間に不可分関係となり」と述べ、モンペが普及していることを喜ぶ一方、「モンペでは少々不恰好だというので、このごろとみに若い婦人のズボンが流行し出した」と述べている。一九四三年になっても「モンペは不格好」という理由からモンペは忌避され、「ズボン」が若い女性たちの間に流行しているという。

このモンペとズボンの対比からわかるのは、戦時期に女性の戦時協力を可視化するような「戦時に相応しい」=「正しい」服装と、多くの女性が「おしゃれ」だとみなすような「ファッション」としての服装の二種類が並立していたという点である。前者（「正しい服装」）の代表がモンペであり、後者（「おしゃれ」）の代表はこの時期に洋装、特に女性のスカートスタイルになりつつあった。戦時期には洋裁学校を経営する洋裁専門家が、婦人雑誌や新聞などのメディアで頻繁に洋服の作り方を紹介するようになったため、実際にはこの時期に洋装の美しさが一般の女性たちに理解されるようになったとも考えることができる。そして、洋装美を

防空演習に便利なズボン

●…床を蹴つて飛び起きてもくらやみで容易にはけるズボン――として考へられたのがこの和洋服兼用のズボンです。モンペよりは見た目もよくズボンの両側はファースナー付きのポケットとなつてゐますから常備の救急品など入れるに便利です。●…ウエストラインには三、四本のゴムテープが通してありますから結び解く世話もいらず、和服に脱ぎ着が出来ます。たゞ股下は普通のズボンより五、六センチ繰下げないと和服を着た時のゆるみがとれません。【島村フサノ氏考案】

図3－2　ズボンを紹介する記事（『朝日新聞』1941年8月22日）

強調することは、先に見たように「戦時に相応しい」服装であるモンペの価値を、美的観点から否定するような事態にもなっていた。

第II部で考えたいのは、まず、戦時に女性の服装に関する対立する意味付けがあったという点である。一方には、女性の服装を戦時協力という観点から捉える、「戦時に相応しい」服装という枠組みがあった。モンペはこの一つであり、また第4章で述べる婦人標準服もこのような「正しい」服装の一つと言える。これに対し、わたしが強調したいのは、戦時にも「おしゃれ」や「ファッション」が存在していたという点である。これはメディアのレベルでもそうであるし、また実際の女性たちの服装においてもそうである。

戦時というと、検閲や用紙配給制限など「メディア統制」のイメージが強いが、こと女性の服装に関しては、問題が微妙であった。そもそもこの時期の多くの女性たちは働き着および日常着として和服を着用していたが、精動などの指導層の間では、「和服は非活動的」で「戦時に相応しくない」ことは、議論の余地のない事実として認められていた。[2] ここに洋裁専門家が発言権を強める基盤があったのである。本章では、これらの洋裁専門家がいかに「洋装美」という自分たち独自の基準を作り上げていったかを跡付けたい。これは、先に見たように、政府指導層が承認した「正しい服装」とは矛盾する可能性のある価値観だった。

第II部ではさらに、専門家による「美しい洋装」という価値観が一般の女性たちにどのように共有されていったのかを考えたい。注目すべきは洋裁学校で学んだ女性たちの存在である。戦時期には女性の洋裁学校入学者が激増した。男性向け洋装はテーラーという男性職人が作っていたが、彼らの多くは職人に弟子入りし、修業して一人前になった。これに対し、女性が婦人服及び子供服の作り方を学ぶ場として洋裁学校が作られた。ドレスメーカー女学院、文化服装学院など大正末に設立された比較的歴史のある学校も存在していたが、戦時期には新たに作られた学校や私塾など、洋裁を学べる場が一気に広がり、学生数も激増している。[3]

洋裁学校を卒業した女性たちは洋裁学校で教えたり、洋品店などで仕立物をしたり、自宅で自分や家族の洋服を作ったりした。当時はまだ女性の洋服は既製品化されていなかったので、女性たちは洋服をデパートや洋品店、仕立て屋などでオーダーで作るのが普通であった。[4] 既製服がないということは、既製服のカタログのような女性向け雑誌も存在していない。[5] その環境で、洋裁学校卒業生たちは、一般の女性たちを洋装に結びつける媒介者としての役割を果たしていた。

第Ⅱ部の最後に考えたいのが、モンペの問題である。「戦時に相応しい服装」として称揚されたモンペは、実際に女性たちによってどのように見られていたのか。一九三八年に始まった防空演習で女性たちの一部がモンペを着用した様子がメディアで報道されるが、実際にモンペの着用が一般の女性たちに広がったのは、空襲が始まった戦争末期といわれている。[6] 地方の女学校などでは、それより少し早い一九四二年後半くらいから、制服のスカートをモンペに変更するところも増えていた。しかし、制服としてモンペを強制されたり、また空襲が増える中モンペを着用することが日常化していったからといって、「正しい服装」というモンペへの意味付けまで女性たちが共有していたわけではなかった。

女性は戦前にどのような服装をしていたのか

日中戦争開始以降、洋裁学校関係者やデザイナーなどが盛んにメディアに登場し、洋服の作り方を教えるようになった。女性向けの洋服が既製品として普及したのは一九七〇年代であり、それ以前は女性たちはデパートや洋品店、また近所の仕立て屋などで洋服をオーダーするか、もしくは自分で作っていた。戦時期はそれ以前より格段に多くの女性たちが洋服を求めるようになり、洋裁に興味を持つ女性が増加した時期であると指摘されている。[7]

では、それまで女性たちはそもそも、どのような服装をしていたのだろうか。最初に注意すべきことは、髪形同様、服装についても戦時期まで男女の差が大きかったという点である。明治の近代化が始まるのと前後して、男性の洋服は軍人、警察官、郵便配達人などの制服として導入され、官吏などのホワイトカラー層も洋服を着用するようになった。華族や実業家、政治家などの上流層の男性も洋服を着用することが多くなったため、男性が主に活動する社会の公領域と男性の洋服がイメージ的に結びつけられるようになった。この職業服としての洋服と並行して、中学校以上の男子の学校制度が明治一〇年代以降整備され、それらの学校では洋服の制服を制定する場合が多かった。また昭和初期に増加した重工業の工場で働く男性労働者も洋服を制服として着用したため、男性の洋服、特に仕事着や遊びも含めた外出着としての洋服は階層を超えてかなり一般化していた。[8]

これに対し、女性の洋装は昭和初期までは一般化していない。よく知られているように、一八八五年頃からの鹿鳴館の社交パーティーは女性が洋装するきっかけとなったが、明治期の洋装は非常に高価だったこともあり、主に華族など上流層の女性たちに限られていた。

しかし、大正期に入ると都市的な新しい職業に従事する女性たちが増加し、その一部は職業服として洋服を着るようになった。これら新しく「職業婦人」と呼ばれるようになった女性たちは、鉄道、郵便局、銀行、デパートなど、都市を中心に発達した近代的な商業活動に従事する場合が多かった。上流層以外の女性たちでまず洋服を着用するようになったのは、このグループの女性たちである。

図３－３　女性の車掌（1921年）

電車やバスの車掌などで、洋装が制服として採用されたのが職業婦人の洋装化の始まりであった。その後都市部で女性事務員、タイピスト、電話交換手などの需要が増大するにつれて、制服として洋服の着用を義務付けられていない女性たちの中にも洋装で仕事に通うものが出始めた。また一部の非常に待遇のよい工場などでは、大正末から昭和初期にかけて、女工たちが制服として洋服（スカートとブラウス）を着用するようになってい

図3－4　モダンガールとモダンボーイ（1927年）

た。職業服としての女性の洋装化が進んだのは関東大震災（一九二三年）後、大正末以降のことであったと言われている。[9]

この震災前後の時期は、都市的な消費文化の象徴として毀誉褒貶の激しかった「モガ」の登場した時期でもある。当時のハリウッド映画の女優のように、髪をボブにして、ローウェストの短めのワンピーススタイルに濃い化粧と口紅、そしてハイヒールというのがモガの典型的イメージであった。「ウルトラモダン」ともいえるような、最先端のおしゃれである。一九二五年初夏に行われた今和次郎らの統計調査によると、洋装のモガスタイルの女性は、当時の銀座の歩行者の一％程度であり、決して多くはない。[10] しかしモガは「職業婦人」とも「上流婦人」とも異なる、新しい都市的な女性消費者として、大正末から昭和初期の化粧品をはじめとするさまざまな広告で、流行美の象徴として描かれた。その一方、特に男性作家による風刺漫画では、「練馬大根」などと、足を出すスタイルを悪しざまに馬鹿にされたり、また性的に放縦で消費にしか興味のない「悪女」というイメージで小説や映画に描かれるようになった。[11] その「モガ」の象徴が洋装であった。

洋装の女性への偏見が社会的に生まれる一方で、都市部の下層の女性たちに同時期に大流行したのが夏のワンピーススタイルである「アッパッパ」であった。体の線に沿わない筒状のシルエットで、和服のように前がはだけたりしないので、涼しく活動的で、夏にぴったりであった。このアッパッパが大阪の工場で大量に作られたため、女性事務員の日給が八〇銭のところ、四五銭で買えたという。また、あまりにも体に沿わず見苦しいと感じた女性たちは、体に合った型紙で生地を生地店で裁断してもらい、家で自分で縫うようになった。このアッパッパスタイルも、上のモガと同様にメディアなどでは「見苦しい」と揶揄されたが、「簡単服」と呼ばれるようになって中流層まで広がり、定着した。[12]

女性が洋装になじんでいったもう一つのルートが女学校制服の洋装化であった。明治三〇年代に数が増えた女学校は、昭和初期には比較的多くの女性が通うことが可能になり、進学率は一九二五年で一五%、一九四〇年で二〇%弱、一九四五年で二五%程度にまで上昇した。[13]女学校では良妻賢母教育的傾向が強まっていくが、その中で重視されたのが「母」となるための女性の身体の強壮さであった。体操が女学校教育に導入されると同時に、体操ができるような活動的な服装を着用するべきだという議論が強まり、帯などで腹部や胸部を圧迫する和服の身体への悪影響が問題にされたことも相まって、洋服が制服として採用されるようになった。このため、女学生は袴をはいた和服から、セーラー服などの洋服になった。[14]女学校の制服の洋装化は大都市部だけではなく、

図3－5　アッパッパを着た女性たち（1932年）

図３－６　洋服型の女学校の制服（1922年）

地方都市でも進行したが、後者ではそもそも洋装で外出する女性自体が非常に珍しい環境であった。奇異な目で見られることもありながらも、地方都市やその周辺部で女性の洋装化を先導したのが大正末から昭和初期の女学生たちであった。[15]

このように、女性たちの洋装化は階層や職業などによってバラバラに進行していた。女学生、モガ、職業婦人、そして庶民層から広がったと言われる夏の洋装であるアッパッパというように、昭和初期までの女性の洋服は同時多発的に、異なった目的のために着られており、階級や職業、社会的地位などによって限定されていた。そして、女学校を卒業したり、仕事をしていない女性が着たのは通常「和服」であり、女性の日常的な服装としては、上流を除いては和服がまだまだ女性の間では一般的であった。このように和服中心の生活をしていた一般の女性の間に「洋装美」という価値観が浸透していくのが戦時期であると考えられるのである。

「おしゃれ着＝和服」からの変化

昭和初期まで限定的であった女性の洋装は、戦時期を含めた昭和前期に増えている。例えば前述の今和次郎の一九二五年の銀座調査では一％だったのが、一九三七年に雑誌『婦人之友』が今和次郎と共同で行った京城（現在のソウル）、台北などを含む全国調査では、東京の洋装率はちょうど平均程度の二六％である。京城や台北の洋装化率が高いのは例外としても、金沢、盛岡、静岡が三〇％を超えており、鹿児島も全国平均より高い。[16] この時点で洋装化が東京より進んでいる地方都市がすでに存在していたのである。

注意したいのは、調査はオフィス街ではなく繁華街で行われた点である。一九三〇年代後半から四〇年代前半は女学校卒業後に就職するのがかなり一般化し、また総動員体制の下、女性の労働参加が奨励されるなど、女性の労働を取り巻く環境は変化しつつあった。洋装で仕事に行く女性も増加した。しかし、この調査での数字の上昇が示しているのは、繁華街に出かけるのに「おしゃれな外出着」として洋服を選ぶ女性の割合が高まっているということである。これは女性の洋服の着用率だけではなく、洋服に対する認識の変化を表していると思われる。つまり、洋服が「外出に相応しい」、すなわち「おしゃれ」であるという見方が共有されるようになっているということである。

戦時期以前、女性の洋装は必ずしも美的なものとはみなされなかった。ドレスメーカー女学院を大正末に創設した杉野芳子は、アメリカから帰国した一九二〇年以降日常的に洋服を着ていたが、ある日用事で下町に出かけたところ、「女の西洋人が来た！」と子供が叫び、大人も子供も彼女を取り囲んでジロジロと眺め、ついて回ったという。このようなことがたびたびあったため、彼女は「寝巻きと部屋着以外は和服」と決心した。[17] 大正末の東京の下町で、女性の洋服は「美しい」かどうか以前に、「日本人か西洋人か」という社会的カテゴリーを表すものとみなされていたということであろう。そして「日本人」の女性が「西洋人」の格好をしているというのは、日本の女性規範を逸脱する行為として、即座に罰せられた。当時、洋行帰りの女性たちの一部は洋装していたが、杉野のような経験をした女性はほかにもいたようで、銀座でジロジロ注視され、百貨店では人に取り囲まれたというレディス洋裁学院長の木崎都代子や、白木屋百貨店への通勤途中に何度も石を投げられたという尾崎げんなどの回想もある。[18]

大正後期から増加した車掌など職業服としての女性洋服はもの珍しさや男性からの人気により新聞などで頻繁に取り上げられたが、職業洋服を美的だとは思わない女性たちも多くいた。昭和初期は職業を持つ女性に対する偏見が強かったため、職業服としての洋服を、中流以上の階層の女性たちは忌避する場合すらあった。

大正末から昭和初期に続々と洋裁学校が開校されるが、ほとんどの学生たちは和服で洋裁学校に通っていた。杉野は、日常的に洋装しないとそのフィット感を理解することができないと考え、学生が自分で作った洋服で通学するように決めた。すると、学生たちはタクシーに乗り合わせて通学するようになったという。「職業婦人に間違われる」ことを恐れたためである。[19] 洋裁学校には女学校を卒業してから通う場合が多かったため、中流以上の女性が多かった。女学校を卒業した後すぐに結婚するのが理想とされていた時代であり、階層の高い女性たちは働くことを卑しむ風潮があった。このため、職業婦人の象徴となっていた洋服を外出に着るのを忌避するようになったのだと思われる。彼女たち中流以上の女性たちにとって、洋服は職業服であり、「おしゃれ着」ではなかった。

つまり、戦時期に洋服の着用率が高まる以前は、単に女性の洋装が稀で、職業や階層的に偏っているだけではなく、洋服を着る女性たちが美的に見られにくかった時期であるとも言えるだろう。同じことは、モガが「練馬大根」とバッシングされたり、アッパッパで映画館やデパートに行く大阪の女性たちが写真に撮られてメディアで笑いものになったりしたことからもわかる。

では、当時の女性たちの「おしゃれ着」が何だったかと言うと、「長袖」と言われた着物姿であった。ドレスメーカー女学院は、創立十周年イベントとしてファッションショーを東京の日比谷公会堂で一九三五年に開催した。会場は立ち見も出る盛況であったが、会場を埋め尽くした卒業生ら女性客のほとんどが振袖姿であった。日本の女性洋装の最先端教育を行っていると自負していた杉野芳子の卒業生たちが、そろって晴れ着（すなわち「和服」）で、女性洋服のファッションショーを観に来ていたのである。[20] 当時の女性たちにとって、「おしゃれ着」として洋服を着ることがいかに難しかったかをこのエピソードは示している。

おしゃれ着となった洋服

この時期、振袖を若い女性の着る美しい服装だという考え方が根強く残る一方、先述の全国の繁華街調査のように、女性の「おしゃれ着」としての洋装率は確実に上昇していた。一九三七年に全国の繁華街、すなわち人々がおしゃれをして行き交う場に着る服装として、平均二六％以上も洋服が選ばれているということは、この戦時期の地方都市においても女性たちの洋装に対する見方に変化があった可能性を示唆している。

女性たちの洋装観の変化には、消費を取り巻く環境が地方都市でも変化したことが大きく影響していると思われる。戦時期を含めた昭和前期は都市的な消費文化が大衆化した時期である。[21] 当時大人気となっていた映画、特に外国映画や「小市民もの」など都市の生活を舞台にした映画が地方でも上映されることにより、中上流層の都市的な生活が地方の人々にも想像できるようになった。

映像の中で描かれる洋装女性（「モガ」）は初めは都市的な堕落を象徴する「悪女」一辺倒であった。しかし一九三〇年代半ば頃からはモガは「体制に順応する穏健な市民」として描かれることが多くなり、洋装の女性が性的放縦さと結びつけられるステレオタイプは、映像の中では姿を消していった。[22] 都市的な消費生活が映画で描かれる中で、洋装の女性は特殊なものではなく「ふつうにおしゃれ」なものとしてイメージできるようになっていった。

さらにこの昭和前期は全国各地にデパートができたため、デパート数が激増した。これは三越が札幌に開店したように東京の大規模デパートが地方都市に進出する場合もあれば、地元資本のデパートが新たに開業する場合もあった。都市のデパートは廉価品も置くことによって中上流だけではなく、庶民層に開かれた場所になりつつあった。同時に、デパートは映画の中の都市中流層の理想化された消費文化生活が、展示された商品を通じて具現化される場でもあった。洋風の家具や蓄音機などの最新の電気製品といった、都市的な生活の具体的な様相を、消費者は（たとえ購入しなくても）デパートを訪れることで実感することができた[23]。

従来デパートでは婦人向け呉服が主流であり、そもそも多くのデパートは「呉服屋」が前身であった。しかしこの時期には婦人向けの洋服売り場が強化されるようになり、地方都市のデパートでも配置されるようになっていた。都市的な生活がデパートを通じて入手可能になり、女性向けの洋服へのアクセスもより開かれたものとなっていた。

そして、デパートがない小都市でも、それまで紳士服専門だった洋品店で婦人洋服を取り扱うことが増えた。また婦人子供服専門の洋品店もできた。このような店では婦人服向けの洋服生地や、婦人向けの帽子、鞄、靴などを取り扱っていた。またオーダーメイドで婦人向けの洋服を仕立てる場合もあった。洋装は、一般の女性たちにとって身近なものになりつつあった。

地方都市にも広がった洋装

このような地方都市での変化は、女性たちの実感としても記録されている。ドレスメーカー女学院の同窓会誌には卒業後に地方に戻った多くの女性たちからの手紙が掲載されているが、その中には地方の女性洋装に言及したものが多い。自分の地元ではまだ女性の洋装は難しいと伝える手紙も散見する。例えば新潟に帰って三条市の洋装店に勤務していた渡辺邦子は一九三八年に

「パーマネントや洋装で歩いていようものなら早速後からついて来るような有様です」と述べており、昭和初期に東京でモガがバッシングを受けたときと変わらない状況であることを伝えている。[24]

その一方で、卒業生の手紙の多くは、上京前よりも格段に多くの女性たちが洋装姿で街を歩いていると述べている。また自分の住んでいる地方が「東京と大差のない」ほど女性の洋装が進んでいると伝える手紙もある。地域差はあれ、洋装の女性の数がもともと少なかった分、さまざまな地方で目に付くようになっていたと推測できる。

地方都市の女性洋裁関係者は、デパートの進出に期待していた。最新のスタイルブックなどが入手しにくい地方では、東京の洋裁学校を卒業していても「流行とか生地等の知識に取残されたような気がして」（一九三六年春号、久世すゑ子）、洋装が続けられなくなったからである。また地方都市の女性たちの洋装が「美しくない」という投稿も多い。大牟田の吉田新子は一九三七年の手紙で、「当地方の洋装はレベルにまでたっしていない」が、「今度松屋百貨店が出来ます」ことで「レベルに達しよう」と、デパートが最新流行の美しい洋装を作ってくれることに期待している。

このように女性の洋装姿が増加することで、女性たち自身の洋装意識の変化を映し出す手紙もある。帰郷後に洋装店で働いていた是永君子は、「こんな田舎では……と兎角くずれ勝ち」だった気持ちを一九三九年秋号に投稿している。その手紙で彼女は故郷の女性洋装の様子を次のように伝えている。

昨年までは半袖のブラウスの下からシャツの袖が出たりタイトスカートの下からレースのスリップが五センチメートルくらい出た格好で平気で街中を歩く方が多うございましたが、今春からは相当整った洋装の方も見受けられるようになりました。先年の夏などはお客様が和服にお太鼓を結んだまま、この上から寸法を計る様にと仰ってドレメ時代〔ドレスメーカー女学院〕と余りの違いに大分まごまご致しましたが、近頃はわざわざお洋服に着替えていらっしゃるようになりました。近頃ますます洋裁熱が盛んになり、街を通る若い人の半分は洋装と言ってよいくらいになって参りました。[25]

是永の手紙には彼女の帰郷先の地名は出ていないが、「街を通る若い人の半分は洋装」ということは、ある程度の規模の地方都市で洋装が盛んな土地柄であることが推測できる。そのような場所でも、昨年は「ブラウスの下からシャツの袖が出たりタイトスカートの下からレースのスリップが五センチメートルくらい出た」ような姿で多くの女性たちが街を歩いていたというから「こんな田舎では」とがっくりする是永の気持ちは十分に想像できる。東京から帰郷して、自分の住む地方にもデパートが出店してくれないかと望む女性たちがいたのもわかる。

是永の手紙は、そのような地方に住む女性たちの洋装の変化を映し出している。まず、今年

〔一九三九年〕に入ってからはブラウスやスカートから下着がはみ出しているような姿は見かけなくなった。「相当整った洋装」になってきたのである。そもそもこの時代には、洋服の下にはどのような下着を着るのかがまだ一般的に認識されていなかった。名古屋で洋裁学校を一九四一年に開いたドレスメーカー女学院卒業生の今井千恵は「当時はまだ和服姿の生徒達もあって、下着の縫い方から着方まで教える有様」だったと述べている。[26]

このため洋裁専門家は新聞や婦人雑誌などで洋服の際の下着の着方や作り方に関する記事を書いていた。シャツやスリップがはみ出しているというのは、洋服の下に洋服型の下着を着ていたということであり、是永が住んでいた地域はある意味先進的ですらあった。そのような女性たちが、今年はきちんと下着を着ているという。洋装の女性たちの間に、下着を含めた洋服の着方に対する認識が深まってきていることを、この手紙は伝えている。

もう一つ是永の手紙が示唆しているのは、女性たちの間での洋装観の変化である。是永によると、過去には洋装店に和服姿で来店して、お太鼓に結んだ帯の上から採寸してくれと頼んだ客もいたという。当時はまだ女性の洋服はオーダーメイドが主流だったため、店で採寸する必要があった。和服で来たというのは、女性客たちが体の寸法を基礎として服を作る洋裁というものに無知だったことが原因かもしれない。和服では細かい採寸は必要ないからである。

しかし、洋装店に和服で女性たちが出かけた理由は、ほかにも考えられる。彼女たちは「おしゃれな洋装」の基準がわからなかったから、和服を着ていったのではないだろうか。美容院や洋装店など「女性客がおしゃれになるため」の店には、おしゃれな女性店員がいる。おしゃれな店員に値踏みされるのが怖いのでなるべく自分がおしゃれだと自信がある服を選ぶと、これまで着ていた和服の中から選ぶことになってしまう。当時「おしゃれ着」として和服を選ぶ女性が多かったのは、和服なら「おしゃれ」の基準がわかるが、洋服ではわからないと感じる場合が多かったからだろう。

是永の手紙では、これまで和服で洋装店に来ていた女性が、今年は「わざわざ洋服で」来店するようになったという。客の女性たちの側も、洋服で街中を歩いたり、おしゃれな店に入る自信がついたということだろう。洋装姿の女性たちが街中に増えたというのは、単に数の増加という問題ではない。女性たちの側に、洋服を着て街を歩くことに対する認識の変化が多少なりとも生じており、洋装の美しさ、おしゃれが「わかる」という実感が生まれつつあったことが、このような地方都市での女性洋装の増加に結びついていたのだと思われる。

2　洋裁専門家たちの活躍

流行を紹介する記事の始まり

映画、デパート、洋装店などは、大都市だけでなく地方都市でも女性の洋装が可能になる社会基盤を形成していた。この時期は新聞や婦人雑誌などには洋装を紹介する記事が多く掲載されるようになっており、このような女性向け洋装に関する記事も、一般の女性たちが洋装にアクセスする道を開いていった。

意外なことに、戦時期の婦人雑誌や新聞には女性向けの服装（特に洋装）の記事が増加する。これまで見たように、女性史上もっとも便利で活動的な髪形と言えるパーマネントは、一九三七年の精動における「禁止」の決議以降、婦人会などの激しいネガティブキャンペーンにさらされた。このため新聞社側の自粛もあり、パーマネントの髪形を紹介する流行記事はこの時期以降、激減した。パーマネント批判に対抗するために、一九三八年にパーマネント関係業者は組合を結成し、「決戦型」などの髪形を提案するが、そのような「戦時に相応しい髪形」である「淑髪」の紹介記事も、この一九三八年以降はほとんど新聞では見かけなくなり、一九四〇年以降は婦人雑誌でも減少する。これに対し、女性の洋装に関する記事は減少しない。むしろそれまで多かった髪形紹介記事を埋めあわせるように増加していく。この女性向け洋服関係記事の増加の中で、いくつかの大きな傾向が顕在化してくる。①おしゃれなものとしての婦人洋装、②すべての女性に向けて洋装記事が書かれるようになること、そして③洋裁専門家の著名人化である。

昭和初期以前の新聞の洋装に関する記事は、先に紹介したようなモガやアッパッパなどの流行を揶揄するような記事を除くと、主に日本の上流階級の洋装流行の紹介か、啓蒙的な観点から女性洋装を推進する立場の意見文のようなものが多かった。上流の洋装記事は一般読者には関係のない覗き見的なものであり、「栗野仏国大使」や「水野総領事夫人」など、日常的に洋装をする外交関係者に外国の洋装の流行を聞く、などのパターンが多い。[27]

大正期の生活改善運動では西洋式生活様式を取り入れることが推奨され、その一環として、子供や女性の洋装が紹介されるようになった。婦人洋装に関する啓蒙的な意見文が多く掲載されたのは、女性や子供の服装が改善対象とみなされたことによる。ただし、女性と子供では、状況は異なった。「子供服」は婦人雑誌において大正期から特集が組まれるようになり、エプロン等比較的簡単に作れる子供服が紹介され始めた。このため中流層の子供洋服は大正期から昭和初期に広がったと言われている。[28]反対に婦人洋装については啓蒙的意見文が多く、実際に洋服をどのように入手し、どのように着こなすのか、などの具体的な「情報」という側面はほとんどない。[29]中流層ないしそれ以下の層の女性たちが実際に日常的に着用する洋服を「おしゃれ」として紹介することは、一九三〇年以前にはほとんどなかった。

しかし一九三〇年頃から、婦人洋装の流行紹介記事が増加する。特にデパートが女性洋服の流行を新聞で紹介するようになった。この時期、デパートは全国的に軒数が増えると同時に、高級品だけではなく、廉価品なども扱い、広い客層を呼び込むようになった。その流れで、デパートが欧米の婦人洋服の最新流行を紹介したり、また各デパート専属の「デザイナー」がシーズンの流行を紹介したりする記事を新聞に載せるようになる。高島屋のエドガース女史、三越のオデット女史、白木屋のハザマ・アデリア夫人などが、デザイナーや「顧問」などの立場から、パリの流行や日本でその流行がどのように取り入れられていくかを解説する記事が増加する。[30]

最初は欧米系白人女性が洋装の権威として記事に多く登場するが、一九三〇年代後半には日本人女性デザイナーが登場するようになり、三越のデザイナー島村フサノなどは頻繁にパリの最先端の流行や三越の新しいデザインを紹介するようになった。これまで女性のおしゃれといえば着物(和装)であったのが、この時期に一般女性に向けた洋服の広告記事をデパートが出し始めるのである。

一九三七年の日中戦争開始は、女性向けの洋装の流行記事を即座に減少させることはなかった。むしろデパートは戦時体制をファッションの側から商業的に利用したと言える。一九三七年秋には、「軍国調」の流行服を紹介する三越の広告記事が『読売新聞』や『朝日新聞』に掲載された。一一月九日の『読売新聞』では、「真紅の生地に黄色のモールを配した新軍国調　戦時の緊張感を盛る」という見出しで、「若い陸軍将校の軍服」から着想を得た女性向けの流行服を島村フサノが紹介している。街頭を歩くモデルの女性は「士官帽からモードを取った」帽子を斜にかぶっている。

また同じく『読売新聞』の一一月一六日には「カーキ一色―スマートな女性兵《アマゾン》　時局下の街頭を颯爽と行進!」という記事で、「今迄は兵隊さんや青年団員にしか愛されなかった色」であるカーキが「俄然若いお嬢さん方の寵児になり始めました」と紹介している。「流行の扱い方が非常に進歩したために、殺風景なカーキ色を巧みに生かすことが考えられてきた」として、「今にカーキ色のスマートな女性兵《アマゾン》が街頭に氾濫するでしょう」と述べている。写真は脹脛半ばまでのスカート丈のスーツで、上衣に「カーキ色に黒のアストラカンを格子に配して、直線的な一つの剛健さをねらったものです」と説明している。日中戦争が始まり精神総動員運動が呼びかけられた年に、「戦争」は女性ファッションのキーワードになっているのである。

精動が奢侈批判を始めてデパートがターゲットとなると、さすがにこれほど露骨な戦時レトリックの商業的利用は見られなくなった。しかし、デパートの販売の現場では、「戦時」の商業的利用は続いていたようである。精動に協力するため一転してデパート批判を始めた新聞によると、デパートでは「短いスカート」は「生地の節約」になるので「戦時に相応しい」と女性たちに売り込むようになったという。洋服地が軍需優先になり、民間の「節約」が求められる中で、ショート丈のスカートが「時局的」と売り込まれて流行しているというのである。[31]

図3－7　軍国調の流行服を紹介する三越の広告記事（『読売新聞』1937年11月16日）

女性たちが本当にデパートの「時局的」という言葉を信じていたかどうかはともかく、「非常時」などの掛け声は、デパートなどが新しいタイプの女性ファッションを売るために、この一九三〇年代後半の時期にむしろ利用されていたと言える。

画期的だった作り方紹介記事

一般女性向けに新聞で洋装の流行記事が掲載され

るようになった一九三〇年頃には、洋服の着方に関する記事も増加する。女性の洋服着用は、先に紹介したように階層や職業などにかなり偏りがあった。上流の女性たちはブラジャー、コルセットなどの下着の着け方だけではなく、イブニングドレス、アフタヌーンドレス、外出着などのいわゆるTPOに合わせた洋装のルールを訓練されていた。それに対して、職業着として洋服を着る電車やバスの車掌の女性たち、そして女学校でセーラー服などの洋服型制服を着用するようになった若い女性などは、洋装時の決まりごとを教えられないまま、一種のお仕着せとして洋服を経験し始めた。このような状況の中で、一般の女性に向けて、洋服の着方や手入れの仕方の記事が書かれるようになった。

例えば、和服の下着である腰巻に対応する洋服の下着（パンツ、ズロース）とはどのようなものなのか。どういう風に重ね着をすれば温かいのか。「レギンス」などもスカートを冬にはく際の足の防寒着として紹介されている。[32] またアイロンの使い方や洗濯の仕方など、実際に着用する際の問題点を解決するための記事が増加していく。単に女性たちが洋服の流行を知る、というい わば知識の対象としてのみではなく、実際に着用するという前提で記事が書かれるようになったのである。

このような女性が実際に着用するものとしての洋服という位置付けをもっとも明確に打ち出したのが、洋服の「作り方」を紹介する記事であった。流行の形のワンピース、スカート、ブラウスなどの作り方が、縮小した型紙（図面）とともに次々に紹介された。例えば『読売新聞』一九三二年五月一七日「初夏の郊外散歩や旅行に　チョッキ型のブラウス」という記事では「とてもスマート」なノースリーブブラウスの作り方が「小松加代子氏」という署名入りで紹介されている。また同じ小松による「乳おさえのついた洋服のした着　造作なく作れます」という記事では「バンデュー」とも記事の中では言及されている「乳おさえ」が付いたスリップの作り方を紹介している。このような手作り記事が画期的だったのは、家庭にいる女性たちが「自分で作る」ものとして女性洋服を位置付けた点である。

この時期以前、男性向けの洋服はテーラーと呼ばれる仕立職人が作っており、多くの場合はオーダーであった。軍隊や学校で男性が着る制服は仕立業者が一括して注文を受ける既製品であった。いずれにせよ、男性の洋服は家庭の外で作られ購入されるものであり、家で作るものではなかった。上流女性たちが着た高級な洋装も、同じく洋服職人が作るものであった。これに対し、中流以下の一般の女性たちが着ていた和服は、基本的には女性たちが家で自分たちで仕立てるものであった。着物を洗うには縫い目をほどいて洗い張りをし、乾いた布をまた着物の形に縫い直す必要があった。このため、和服を縫えること、すなわち和裁技術は、中流以下の女性にとっては結婚するための絶対に必要な条件であった。女性たちが「洋服を自分で作る」ことを推奨する記事は、このように女性にとって必要とされた和裁という生活習慣の延長上に、「洋裁」という技術を位置付け直したのである。[33] 洋服を女性にとって格段に身近なものにしたのが、「洋裁は家事」であるという認識の仕方であった。

「正しい」更生で流行も肯定

では、誰がこのような洋装に関する記事を書いていたのだろうか。洋装の作り方に関する記事は署名入りのものが多く、多くは洋裁学校の校長を務める服飾研究家であった。アメリカでデザインと洋裁を学びドレスメーカー女学院を設立した杉野芳子、主にヨーロッパでデザインを学んだ田中千代、婦人服職人から自由学園洋裁科主任講師となった西島芳太郎などである。さらに、洋裁をまったく独学で学んだ伊東茂平など、洋服に関する記事の増加とともに、さまざまな出自の洋裁研究家がメディアに登場するようになった。言い換えると、これらの婦人洋装記事の増加は、それ以前には認知されていなかった女性向け洋装品の製作および指導を行う婦人洋裁専門家という新たな職業カテゴリーを社会的に認知させることとなったのである。

女性の洋装に関する記事、特に洋服の作り方に関する記事が戦時期に激増したのは、服飾研究家たちが積極的に戦争協力的なカテゴリーを利用したからである。デパートの広告記事に使われた「非常時」という言葉もそうであるが、「更生」という言葉もこれらの洋服製作に関する記事に頻出するキーワードである。「更生」とは、この時期の用法としては「古いものを利用して、生活に役立つものを作りだすこと」を意味しており、軍需優先のために民需を制限する（「節約」）という国の方針に従う、国策協力的な活動の一つであった。特に毛織物、綿織物は軍需優先であったため、女性向けの洋服地としては人工繊維の「スフ」（ステープル・ファイバー）を混ぜた粗悪な代用品しか流通しなくなった。軍需品とはみなされなかった絹織物は実際にはデパートなどでも一九四三年頃までは購入することができたが、精動の方針に沿った「貯蔵衣料の更生」の方が検閲が通りやすかったためか、「更生」という観点からの洋服の作り方記事が増えていく。

この時期は「節約」をすることが戦争協力であると説かれたこともあり、洋服を作るための生地を新たに購入するのではなく、いま各家に「貯蔵」されている衣類を再利用することがよしとされた。こうしたリサイクルに関する考え方は、金属回収をはじめ、軍需目的での日用品の回収ですでに広く行き渡っていた。婦人向け衣料が再利用されるべきであるという考え方は、単に民需向けの物資不足対策というだけではなく、イデオロギー的に「正しい」というムードの中で主張されていたことに注意すべきであろう。

実際に、この再利用に対する関心は、この時期の国民生活全体に対する社会科学的な調査とも交差しており、新聞には平均で各戸に何枚の「貯蔵衣料」があるかという統計的なデータまで出されている。例えば一九三九年五月の『朝日新聞』では、商工省の調査として「空しく死蔵されている着物は一戸少くとも二、三枚はある、それを金額に換算すると約二十億円位に達するであろうと言われる」と紹介している。[34]

このようなコンテクストにおいて、「貯蔵衣料の更生」という言葉は、新しいデザインで洋服を作る格好の口実となった。特にドレスメーカー女学院長の杉野芳子はこの急先鋒で、更生による流行のデザインの洋服の作り方やデザインの紹介の記事を写真入りで頻繁に新聞や婦人雑誌に載せている。例えば一九四一年七月二三日の『読売新聞』の「前スカートを替え　時代遅れの服を更生」という記事で、杉野は「洋服は和服とちがってスタイルに年々変化があるので、着られなくなり不経済だという方がありますが、それに応じて手を加えてゆけばいつまでも着られるものです」と洋服を更生する理由を述べている。「年々変化」がある「スタイル」を追うことは、彼女の議論では当然の前提なのである。言い換えると、物資節約が叫ばれ洋服生地を含む原材料統制が強まっていた時代に、「流行遅れ」という理由から、洋服を流行型にアップデートする（すなわち「更生」する）方法を洋裁家たちはアドバイスしていた。材料に「貯蔵衣料」を使うことによって、流行自体は肯定することができていたということになる。

前スカートを替へ
時代遅れの服を更生

（ドレスメーカー女學院　杉野芳子氏）

図３－８　杉野芳子による更生服の記事（『読売新聞』1941年７月23日）

杉野芳子の「更生」は大人気であった。杉野は和服地から洋装を作るだけでなく、皮革統制で手に入りにくくなった婦人靴や、贅沢品とみられるようになった鞄、帽子等、さまざまな服飾雑貨の「代用品」の作り方も考案した。婦人靴については、一九三八年頃に「スマートで靴の代用になるものをと、ヒールつきのサンダル、アーチ形の塗り下駄などをくふうして、良心的な業者に製造販売してもらいました」とまで自伝で述べている。[35] 業者に頼むのが難しくなった一九四〇年前後には、杉野を含めドレスメーカー女学院の教員らは、盛んにサンダルや鞄などの作り方を学校の同窓会誌や新聞、婦人雑誌などで紹介するようになった。新聞で紹介された更生品は大反響を呼び、東京市内を「無料講習」して回ったという。[36] 目黒のドレスメーカー女学院で毎年開催する「クラス展覧会」でも更生を特集したところ、学校の外まで見学者の長蛇の列ができたと同窓会誌はたびたび伝えている。『婦人倶楽部』『婦人公論』『婦女界』などの婦人雑誌も軒並み杉野芳子の更生デザインや作り方を特集していた。

このように、「更生」という言葉が広がることで、洋裁家たちは流行の婦人洋服を作るためのイデオロギー的なお墨付きを手に入れた。当時の洋裁家たちは、上流女性のものであった洋装を、活動的な日常服として女性全体に広めるという目的意識を持っていたが、同時に、彼らにとって洋装は「流行」を取り入れた「美しいもの」でなければならなかった。デパートが「非常時」という言葉を洋服のデザインや宣伝活動に利用したように、「更生」も洋裁専門家が新しい流行を示す一つの方法という側面を持つに至った。そして、「節

図３－９　街頭の更正服の女性（1940年頃）

約」や「贅沢禁止」が叫ばれる中、生地の再利用の名目で新しいデザインを提案できる「更生」は、洋裁専門家が洋装の美しさを示すための方法となっていった（図3‐9）。

洋服を作りたい女性たち

これまで見たように、新聞や婦人雑誌などのメディアで「作るもの」として洋服が紹介され始めたことにより、女性たちの洋服に対する考え方は大きく二つの方向で影響を受けた。第一には洋服が格段に身近なものとしてとらえられるようになったという点である。和服と同じように洋服も女性が「作れる」ものとして紹介されることにより、これまで上流階級や女学生など特殊な女性たちの服装とみられていた洋装に対する考え方が変化する。洋服が身近になったことで、普通の女性が「おしゃれ」として洋服を着ることがイメージできるようになったといえよう。

第二の影響として、洋服を「作りたい」と思う女性が増加した。洋服の作り方がメディアで紹介されるようになったが、ほとんどの女性は作り方記事を読んですぐに洋服を作れる技術は持っていなかった。小学校や高等女学校で洋裁の初歩を学んでいる女性たちもいたが、その程度の知識と技術では自分が着るための洋服を作るのは難しかった。ましてやおしゃれな洋服を作るというのは無理があった。「作り方記事」が増加したということは、読者の女性たちが洋服を作ったということとイコールではないのである。そして、洋服を作れない女性たちは、洋服を作りたくなった。

そもそも、洋服作りの出発点である型紙を使って生地を裁断することが難しかったため、当時洋品店では洋裁師が生地を「無料裁断」するのが流行していた。しかし、生地を切ってもらったからといって、簡単に縫い合わせられるものではない。戦後に「皇后のデザイナー」と呼ばれるようになった田中千代は、一九三四年から心斎橋の鐘紡ステーションで無料裁断を行っていたが、洋服生地を購入した女性たちが「作り方がわからない」と田中のもとに押し掛けるようになり、仕方なく神戸の自宅で洋裁を教えることになったという[37]。

一九三七年に日中戦争がはじまり、戦争が泥沼化する中で、洋服生地の軍需優先や贅沢品の排撃などもあり、女性が洋服を購入することが難しくなっていく。女性の洋服は和服と比較して必ずしも贅沢ではなかったが、一九四〇年頃からデパートの流行服紹介などは新聞や婦人雑誌などでも減っていく。このような中で、おしゃれな洋服を着たい女性たちは、洋裁学校を目指すようになった。洋服の作り方記事と同じページや続きのページには洋裁学校の案内がたくさん掲載され、各地の洋裁学校で学生が激増した。また、新たに多くの洋裁学校や洋裁塾が誕生し、多くの学生を集めた。洋服が「作るもの」となったことは多くの若い女性たちの進路にも影響した。彼女たちは洋服を何としても手に入れたかった。そのためには自分で作るしかなかったのである。

1　藤井忠俊『国防婦人会――日の丸とカッポウ着』岩波書店、一九八五年。

2　井上雅人『洋服と日本人――国民服というモード』廣済堂出版、二〇〇一年。
3　井上雅人『洋裁文化と日本のファッション』青弓社、二〇一七年。
4　中山千代『日本婦人洋装史　新装版』吉川弘文館、二〇一〇年。
5　坂本佳鶴恵『女性雑誌とファッションの歴史社会学』新曜社、二〇一九年。
6　井上前掲『洋服と日本人』。
7　井上前掲『洋服と日本人』。
8　坂田稔「生活様式――モダンライフから『自力生存』へ」南博、社会心理研究所『昭和文化』勁草書房、一九八七年。
9　中山前掲書。
10　今和次郎著、藤森照信編『考現学入門』筑摩書房、一九八七年。
11　伊藤るり、坂元ひろ子、タニ・E・バーロウ編『モダンガールと植民地的近代――東アジアにおける帝国・資本・ジェンダー』岩波書店、二〇一〇年、バーバラ・ハミル・佐藤「女性」前掲『昭和文化』など。「練馬大根」という悪口については、文化服装学院創設者である並木伊三郎の『並木伊三郎伝』、杉野芳子の『炎のごとく』など、洋裁関係者の伝記や自伝でよく言及されている。
12　中山前掲書。
13　稲垣恭子『女学校と女学生』中央公論新社、二〇〇七年。
14　難波知子『学校制服の文化史』創元社、二〇一二年。
15　桑田直子「女子中等教育機関における洋装制服導入過程」『教育社会学研究第62集』、一九九八年。
16　婦人之友編集部・婦人之友友の会「全国十九都市女性服装調査」『婦人之友』第三一巻第六号、一九三七年、九〇 - 一一三頁。
17　杉野前掲書。
18　中山前掲書。
19　杉野前掲書。

20 杉野前掲書。

21 都市的消費文化がどの程度大衆化したか（「大衆化」の範囲）については、議論がある。大岡聡「大衆社会の端緒的形成」『岩波講座　日本歴史　第17巻（近現代3）』（岩波書店、二〇一四年）。戦時期の消費社会のインパクトを大きく強調した議論としては、ケネス・ルオフ著、木村剛久訳『紀元二千六百年――消費と観光のナショナリズム』（朝日新聞出版、二〇一〇年）など。

22 宜野座菜央見「昭和モガの輝きと消失――一九三〇年代映画の女性」早川紀代編『戦争・暴力と女性2　軍国の女たち』吉川弘文館、二〇〇五年、一八〇‐一九三頁。

23 大岡前掲論文。

24 『D・M・J会誌』一九三八年春号。

25 『D・M・J会誌』一九三九年秋号。

26 今井千恵『学園と共に五十年』学校法人今井学園、一九九一年、八頁。

27 「スカートの逆戻り　帰朝せる水野総領事夫人の談」『読売新聞』一九一一年一二月一〇日付など。

28 村田裕子「大正期における洋装子供服について」『大谷女子短期大学紀要』第四八巻、三一‐四二頁、二〇〇四年。

29 例えば「英国婦人の活発な活動に舌を巻く　日本婦人も洋装にしたい　海老名婦人の英国だより」『読売新聞』一九一九年八月二九日付など。

30 「パリの流行を映すこの秋の婦人服　白木屋婦人服部ハザマ・アデリア夫人談」『朝日新聞』一九三一年八月二八日付など。

31 「虚栄をつつむ美服――簞笥に寝ている二十億円」『朝日新聞』一九三九年五月二五日付。

32 「脚の保温にスパッツ」『読売新聞』一九四〇年二月六日付、「粋なレギンスと変りスパッツ」『読売新聞』一九四〇年二月七日付など。

33 井上前掲『洋服と日本人』、小泉和子編著『洋裁の時代――日本人の衣服革命』OM出版、二〇〇四年。

34　前掲「虚栄をつつむ美服――箪笥に寝ている二十億円」。
35　杉野前掲書、一七四頁。
36　杉野前掲書。
37　田中千代『夢しごと――田中千代の世界』ミネルヴァ書房、一九八四年。

第4章　婦人標準服をめぐる激論

1　婦人標準服の制定

著名人になった洋裁専門家

前章で見たように、戦時期には洋裁学校長などの洋裁教育者が新聞や婦人雑誌などのメディアを通じて流行の洋服のデザインや作り方を紹介していた。また彼らは、古着を洋服の材料として再利用することを「更生」という言葉で提案することで、戦時の原材料統制に協力しながらも、デザインの自由を確保し「流行」に沿ったおしゃれを読者に提案することを可能にしていった。このような洋裁専門家とは、どのような人々だったのだろうか。

大正末から昭和初期にかけて洋裁学校を開いた人々は、男性も女性もおり、経歴もさまざまであった。洋裁店で職人として修業した並木伊三郎はシンガーミシン会社でミシンを売っていた遠藤政次郎と出会い、戦時期には日本最大の洋裁学校となる文化裁縫学院（後の文化服装学院）を、一九二二年に開校した。並木以外にも、西島芳太郎など洋裁職人出身で大正末から昭和初期に洋裁学校を開いた男性は何人もいた。これらの職人出身の男性たちは、婦人洋裁職人に弟子入りし、長い修業を経たのち独立したため、学校的な職業教育は受けていない場合が多い[1]。

ドレスメーカー女学院長の杉野芳子は独自路線である。立身出世を夢見てアメリカに渡り、サバイバルする手段として洋裁を習得する中で、その奥深さを学んでいった。神戸で洋裁学校を開いた田中千代は夫に同行して洋行し、パリやジュネーブ、ニューヨークの大学や洋裁専門学校で洋裁を学んだ。まったく洋裁修業もせず、洋行もしていない変わり種の有名洋裁家が伊東茂平である。彼は慶應義塾大学法学部法律学科を中退した後、洋裁の途に進んだが、最初から洋裁の道を目指したわけではなかったようだ。立体造形に興味があったようで、自動車、父親のスーツなどさまざまなものを「分解」して組み立て直していた。そのような立体造形の中で彼が一番興味を持ったのが婦人洋装であったという[2]。

日本でまだ洋裁教育が確立されていない中で女性向けの洋裁学校や洋裁研究所を開いたこれらの人々は、メディアを通じて著名人化し、学生を集めることに成功している場合が多かった。洋裁専門家たちは、戦時色が強まる中でどのような主張や活動をしていたのだろうか。そして彼らから学んだ洋裁学校の卒業生たちは、地域で洋裁を通じて一般の女性たちとどのようにかかわったのだろうか。

洋裁学校の隆盛

一九三七年に日中戦争が始まってしばらくの間は、デパートで最新流行として「ミリタリーファッション」が紹介されるなど、「戦時に相応しい服装」などの戦時レトリックをむしろ業者の側が利用している状態であった。しかし都市的な消費文化が「享楽的」「奢侈的」として批判される中で、一九四〇年に奢侈品等製造販売禁止制限規則が出され、デパートで販売される婦人向

けの高級呉服や高級洋服は「奢侈品」として排斥されるようになった。西陣、桐生などの高級織物や婦人洋服向けの高級毛皮などがまず禁止の対象となったため、高級品製造にかかわる業者は大混乱に陥った。また洋服地の軍需優先や衣料切符制の導入などで、デパートで洋服や洋服地を購入することは一般消費者にとって困難になりつつあった。商品として洋服を入手することが難しくなる中で、多くの若い女性たちは洋裁学校に通うようになった。「作る」ことで洋服を手に入れようとしたのである。

総動員期以前は洋服は「奢侈的」な若い女性の象徴として、ネガティブに見られがちであった。国家総動員体制が構築され女性の社会参加が求められる中で、女性の「活動的な服装」として洋服（ワンピース、スカート型のスーツなど）が見直され始めていた。多くの洋裁家は総動員をチャンスと捉え、盛んに洋裁に関する国策的な活動に参加するようになり、後述する婦人標準服の制定や更生服の紹介などに関わった。婦人標準服や更生服のデザインを杉野芳子、岩本許子、田中千代などの洋裁学校長が新聞や婦人雑誌などのメディアで積極的に提案したため、彼らは「デザイナー」として社会的認

図4－1　文化服装学院の教授陣（1939年）

図4－2　福島高等洋裁学院開校式（1941年）

知を得ることになった。[3]

このように洋裁学校長たちが著名人化するにつれて、洋裁学校にはそれ以前とは比較できないほどの学生が入学するようになり、また洋裁学校数自体も激増していった。例えば戦時期に国内最大の洋裁学校であった文化服装学院は、一九二二年に開校して以降、学生が集まらず苦しい経営が続いていたが、一九三〇年頃には六〇〇人程度だった卒業生数が、一九三五年前後には一〇〇〇名を超え、そして一九四一年には二八四六名、一九四二年に三一二一名、一九四三年には三二〇〇名もの卒業生を輩出するようになった[4]（図4－1）。

この時期に大規模化が進んだのはドレスメーカー女学院も同様で、一九四〇年頃から毎年一〇〇〇名以上の入学者を受け入れるようになり、校舎や学生寮を頻繁に増設するようになった。[5] またこれから見るように、卒業生たちも各地で洋裁学校を開いており、例えばドレスメーカー女学院出身で福島で一九四〇年に福島高等洋裁学院を開校した菅野八千代は、開校早々から一五〇人もの入学者を迎えることとなった[6]（図4-2）。東京の著名な洋裁学校だけでなく、日本および植民地の各地で洋裁学校が規模の大小にかかわらず、急激に増えつつあった。

洋裁学校を卒業した多くの女性たちは、都会のデパートや洋品店でデザイナーとして働いたり、地元で学校を開いたり、仕立物をしたりするようになった。女性向け既製服がない時代に、洋裁学校で学んだ女性たちは、知識を持たない一般の女性たちが洋装にアクセスするための重要な媒介者となっていた。

洋裁学校生への疑念

このように洋裁学校が大規模化し、教員がデザイナーや洋裁専門家などの肩書でメディアに露出することで、洋裁関係者たちは戦時期にそれ以前よりも格段に社会的影響力を高めていった。しかしながら、容易に想像できるように、すべての人々がこのような洋裁学校人気をよしとしていたわけではない。むしろ、洋裁学校で学ぶ若い女性たちのモラルに対する疑念も高まっていた。昭和初期にモガに向けられた「享楽的」「性的放縦」という批判は、この時期の洋装の女性たちにも向けられていたのである。丹羽文雄は小説で描かれる典型的な「堕落した女」が昔は「カフェの女」であったのが、現在は「洋裁学校生徒」になってしまったとして、洋裁学校生の風紀の乱れを批判している[7]（丹羽はこれが男性作家による偏見だとは考えていない）。また全国洋裁学校協会が一九四一年に設立され、洋裁学校は厚生省の監督下に入るが、この協会の会合では厚生省の「某課長」が「峻烈に罵声を放っ」て洋裁学校生徒の「堕落」を批判していたという[8]。

このような洋裁学校生への視線は当時の新聞の投稿にもみられる。一九四〇年の『朝日新聞』では埼玉県鳩ヶ谷の女性が、東京の洋裁学校に通う義妹から聞いた話から以下のように意見を述べている。

義妹を通じて知る若い娘さん達の生活は余りに遊びが多きに過ぎあたら貴重な青春をと他人事ながら惜しまれてならないのである。

パーマネントをかけ気の利いた服装をし、大きな洋裁バッグを提げて歩いたところで身装こそ違え、かつての娘さん達がお裁縫に通ったのとどれだけ本質的差異があるのか。お嬢さん達は考えてみたこともないのではあるまいか。今年は洋裁を学ぶ娘さんが特に多いと言う。あまり頭脳を必要としない方向に走り外観を飾ることを急ぐ娘さん達が明日の日本の母性かと思うと私は不安を感じる。[9]

投稿では洋裁学校に通う若い女性たちが「パーマネントをかけ気の利いた服装をし、大きな洋裁バッグを提げて」と言及され、街中で相当目立つ存在だったことがわかる。彼女は、洋裁学校に通うのと、「お裁縫」、すなわち和裁に昔の女性が通ったのにどの程度の違いがあるのか、と問うている。大した違いはないはずなのに、なぜ洋裁学校に通う今の若い女性たちはあれほど威張っているのかという反語であろう。

この投書が面白いのは、洋裁と和裁を「家事」として同格にとらえている点である。洋裁を和裁と同列に位置付け、洋裁を家事の一部にすることは、まさに洋裁学校長たちが女性の日常的な洋装を普及させるために提案した一種の方便であった。投稿者は洋裁学校生に批判的であるにもかかわらず、洋裁を日常的な「家事」とする洋裁学校の主張を受け入れているのである。このような女性にとっても、女性の洋装自体は日常的になっていたということであろうか。

投稿者は「あまり頭脳を必要としない方向」「外観を飾る」として洋裁学校に通う女性たちに対して非常に否定的であり、「日本の母性」という観点から批判している。この意見は彼女だけのものではなく、先の丹羽文雄の批判や厚生省での問題化など、広く共有されつつあったようである。

しかし、当の洋裁学校生たちはそのような批判的な視線を気にしているようでもない。序章で紹介したように、当時の洋裁学校のトップスクールである文化服装学院やドレスメーカー女学院では、女生徒たちはみなパーマをかけていた。精神総動員運動や婦人会の活動であれほど「パーマネント反対」が叫ばれているにもかかわらず、パーマネントの洋装姿で堂々と学校に通っており、洋裁学校はパーマネント女性の巣窟と見られていた。このように洋裁専門家たちの社会的な名声が高まり学生数が激増する一方、彼らに対し疑念を持つ人々も少なくなかった。洋裁学校には相反する評価が下されていた。

日米開戦とアメリカニズム批判

一九四一年末の日米開戦は、洋装の女性に対する批判的な風潮をさらに加速させた。一九四一年一二月二四日の『朝日新聞』の「抹殺せよ〝アメリカ臭〟銀座街頭にカメラ放列」という記事では、社会学者の今和次郎が提唱した興亜写真報国会という団体が「銃後風俗是正」のために「いまだに残存する〝アメリカ臭〟風物の記録撮影」を行ったことを伝えている（図4－3）。この「アメリカ臭」のする風物として取り上げられたのが「喫茶店、洋裁、理髪、美容、洋品各店頭などのアメリカかぶれしたポスター、看板から街頭に散見するアメリカ映画女優ばりのあくどい洋装女や帽子、靴、ショール、化粧の方法」であった。同報国会では機関誌や展覧会でこれらの街頭写真を公開するという。

抹殺せよ〝アメリカ臭〟
銀座街頭にカメラ放列
銀座街頭でアメリカニズム風景を撮影するカメラマン

図4－3　銀座街頭にカメラ放列（『朝日新聞』1941年12月24日）

　このような「アメリカニズム」への批判は当然洋裁学校にも向けられたようで、ドレスメーカー女学院長の杉野芳子は

「これからの日本婦人の服装」という記事で、「極端な服装で、誰がみても欧米の模倣としか見えないような服装をしている人がありますが、本人は何も知らずに着ている場合が多い」として、「アメリカニズム」は本人が意識しないうちに起きている現象であるから、「非難」するのではなく、「親切に指導」すべきだと述べている。そして「美しい人が、見るからにすっきりとした服装をしていると、それをアメリカニズムだと指弾される場合が多い」が、それは「間違った考え方」だと批判している。[10] 洋裁学校の多くは杉野と同様に、洋装を「アメリカニズム」として批判する風潮に反駁しながらも、自分たちが教える洋装は「極端な服装」ではないと主張して学校への批判をかわそうとしていた。[11]

洋裁学校の学生数は増加し続けたが、批判も続いていた。このような状況で多くの洋裁学校が学校名を変更した。新聞で頻繁に洋裁記事を書いていた岩本許子が教鞭をとっていたエーザンス学院は岩本服装学院と学校名を変更した。またドレスメーカー女学院は一九四三年に学校名を杉野女学院に変更した。田中千代は、一九四五年（これは田中の記憶違いかもしれない）に自分が経営していた洋裁教室の学校認可を取ろうとした際、「洋裁」という言葉は使わないほうがよいと言われ、兵庫県の担当者と口論になったと回想している。[12] 洋裁学校に一般的だった洋風の学校名だけでなく、「洋裁」という言葉自体も洋裁関係者が使いにくい環境になっていたのは確かなようである。

婦人標準服と洋裁学校

洋装や洋裁への女性たちの興味が高まる中で、一九四一年頃から国による女性の服装へのより直接的な介入が始まった。「婦人標準服」の制定が議論され、国から女性の「正しい服装」が示されたのである。日中戦争開始以降、毛織物などの洋服生地は軍需優先となり、一般向けの製品にはステープル・ファイバー（スフ）を二割以上混用することが一九三七年の商工省令で定められた。スフはしわになりやすく、耐久性にも乏しかったため、悪評が高かった。このような状況の中で、民間人の「戦時に相応しい服装」はどのようにあるべきかについて、新設された厚生省などが主導し、民間の洋裁専門家も参加する形で議論を行い、国民服と婦人標準服を制定した。

政府は一九四〇年に男性向けの国民服を、一九四二年には女性向けの婦人標準服を制定した。男性向けの国民服は洋服をベースにした二種類であり、カーキ色（「国防色」）のジャケット＋ズボンという、軍服に近いスタイルであった（図4－4）。これに対し婦人標準服というのは洋服型（甲型）と和服型（乙型）という二種類であった（図4－5）。男性向けにはない「和服型」が女性向けの「婦人標準服」には存在していた。多くの女性が日常的に和服を着ているため、和服の改良が服装改良への近道だと考えたのであろう。

男性向けの国民服及び婦人標準服甲型は「洋服型」であったが、国が制定する国民の制服が「洋服」、すなわち西洋式の服装であるということは、当時の国粋的な風潮の中で違和感があったようだ。国民服制定が議論され始めた一九三八年頃から「新しい日本服」という言葉が国民服を

（上）図４－４　国民服１～４号（提供：毎日新聞社）
（下）図４－５　婦人標準服。左から乙型２号、甲型２号と１号活動衣（提供：共同通信社）

形容する際によく使われるようになり、会議に参加した民間の専門家の関心は、日本的なデザインに集中した。[13] これが服装のデザインのレベルで適用されたのが婦人標準服甲型であり、上半身部分で「襟」が取り除かれ、着物のような前合わせの和洋折衷ともいえるようなスタイルとなっている。[14] 襟は西洋的であるとみなされたらしい。前合わせをボタンにするのも西洋的と考えられたようで、着物のように左右の布を重ねただけになってしまった。前合わせがはだけるというのは、女性を非活動的にする和服のもっとも悪い特徴とみなされていたはずなのに、婦人標準服を「日本的」にするために、そのようなデザインになってしまったのである。[15]

洋服型の婦人標準服を制定するプロセスにおいて、厚生省など担当官庁は民間の洋裁専門家の協力を仰いだ。洋裁関係者もこれを女性に洋服を広める好機と捉え、積極的にメディアに洋装型の婦人標準服を提案したり、また女性にとっての洋装のメリットを紹介したりした。新聞などメディアの側も積極的で、制定前には婦人標準服の提案を洋裁家に依頼したり、女子青年団や愛国婦人会など各種婦人団体の「制服」を紹介したりして、婦人標準服を制定する機運を盛り上げるのに貢献しようとした。各デパートも婦人標準服の展示会を行うなど、一般の女性たちに広めるための宣伝活動を担っていった[16]（図4－6）。

図4－6　デパートで販売される婦人標準服の広告（『読売新聞』1942年6月16日）

しかし、このような大規模な宣伝活動は功を奏さず、婦人標準服が一般の女性たちに着用されることはなかった。婦人標準服の着用は「義務」ではなかったため、一般の女性たちは選択しなかったのである。婦人標準服は「流行」しなかった[17]。

洋裁学校は婦人標準服の普及に大きな役割を果たすと考えられていた。婦人標準服は、手持ちの材料を女性たちが仕立て直して作るものとされていたからである。実際に多くの洋裁学校は婦人標準服の普及活動に賛同し、その仕立て方を教授していた。しかし、当時の洋裁学校関係者は手放しで婦人標準服に賛成していたわけでもなかった。国が提示した女性の「正しい服装」としての婦人標準服に対し、洋裁学校関係者はさまざまな観点から疑問を持っており、彼らの疑問や疑念の一部はメディアを通じて一般の人々にも伝わっていた。洋裁学校関係者が考えた洋装の「あるべき姿」と、国が示した「正しい服装」との間には、どのような開きがあったのであろうか。

「こんな見すぼらしいものを」と叱られた厚生省職員

政治経済的な統制を強める国家が「制定」した婦人標準服を女性たちがまったく着用しなかったというのはいかにも奇妙な話であるが、婦人標準服の着用は「義務」ではなかった。婦人標準服が女性たちに広まるためには、女性たちに「選ばれる」必要があったのである。これは一般の女性たちだけではなく、婦人標準服の「作り方」を指導することを期待されていた洋裁学校関係者や女学校の洋裁教師などが、婦人標準服に納得するかどうかという問題でもあった。

洋裁学校教員や女学校で洋裁を教える教員たちは洋裁、すなわち洋服の作り方だけを教えていたのではなく、どのような服装をどのようなタイミングで着用するのか、そしてどのような下着を着るのがふさわしいのかなど、洋装についての全般的な知識を教えていた。そして、欧米的な基準において、どのような生地とスタイルが合うのか、それぞれのスタイルにはどのようなフィット感がふさわしいのかなど、洋装における「美しさ」の基準自体を教える必要があったのである。

したがって、彼女たちが理想とする洋装の基準に婦人標準服が達しなかった可能性は大いにある。例えば文化服装学院が出版していた『服装文化』の一九四二年四月号に厚生省生活課職員の佐竹武美が「〝私のきもの〟の観念」という文章を寄稿しているが、彼はある「女学校教諭」に婦人標準服を批判された体験を以下のように語っている。

> 最近某高等女学校教諭と堂々たる名刺を持った若い女性が来られた。そして曰くに〝役所は国民服（註、女子に国民服と言うのは定められていない。標準服のことを指す）〔原注ママ〕を私達に着せるつもりで作ったのか、私はニューヨークに行って来たが、こんな見すぼらしいものを〟と凄い見幕で叱られた。私はも一度この名刺を見直して、この人の頭のてっぺんから足の先まで姿態を眺めた。そして毛唐の代用物みたいな己の姿を鏡に映したとき、大和魂は何と嘆くであろう。型式は内容を決定する。日本人としてこれより怖るべき危険思想がどこにある……と喝破された憂国の士を思い出した。しかもこの女性が高等女学校の先生――教育者というにおいて私は背筋に慄然としたものを覚えずにいられなかった。[18]

文面からすると、日米開戦後の時期に女学校教員が厚生省生活課にわざわざ出向いて、婦人標準服が「見すぼらしい」と大声で文句を言ったようである。しかも、彼女はニューヨークの人々の服装と日本の婦人標準服を比較して、ニューヨーク、すなわちアメリカの衣服の方が優れていると主張したという。

教育者たちは婦人標準服を率先して着用するよう期待され、学校の授業では裁縫の課題とする場合もあった。この女学校教員は、おそらく洋裁を女学生に教える立場にあったために、その「見すぼらしさ」が腹に据えかねたのだろう。婦人標準服は、明らかに彼女が教えるに値すると考える洋服の基準に達していなかったということである。

この時期、洋裁を教える立場にあった人たちの中には、欧米で洋裁を学んだり、日本で欧米人相手に洋服を作ったりと、本格的な洋装技術を学んでいた人たちも多かった。そのため、洋服型の婦人標準服をパリやニューヨークなど洋装の本場のファッションと比較する視点を当然持っていたと思われる。この女学校教員の行動は極端だが、彼女のような視点は当時の洋裁専門家の多くが共有していた可能性がある。

このように「凄い見幕」の女学校教師に対し、厚生省の役人である佐竹は彼女のことを「毛唐の代用物」のような姿であり、「怖るべき危険思想」の持ち主であると断じている。この文章は「〃私のきもの〃の観念」と題されているが、佐竹は「私のきもの」という考え方が「個人主義的な、利己的な観方」であり「反国家的な怖るべき思想と断ぜざるを得ない」と述べている。佐竹によれば、洋服はその原材料の多くを輸入に頼っているため、服装の問題は単なる個人の美意識の問題ではなく、戦時の物資不足の状況の中では国家的な関心事となっている。婦人標準服は国家の戦争遂行への協力として位置付けられており、女性の服装は「私のきもの」、すなわち女性個人の関心が反映されるものであってはならないというのである。佐竹は婦人標準服制定の問題を女性たちの「個人主義的」な美意識と対置しているが、他の洋裁学校関係者はこの問題をどのように見たのであろうか。

紛糾した「スカート丈」議論

当時洋裁学校で日本一の規模を誇っていた文化服装学院理事長の遠藤政次郎は、婦人標準服を積極的に支持し、女性への洋服普及の大きな一歩になると期待していた。彼は政府が要請する前の一九四二年春に、国に先回りして学院から全国に洋服型婦人標準服の作り方を指導できる教員を派遣する計画を立てていた。[19]同校が出版している『服装文化』という洋裁専門総合誌には毎号婦人標準服のファッション画を載せ、また授業で学生が婦人標準服を試作する様子を誌面で伝えるなど、雑誌を通じて婦人標準服甲型（洋服型）の普及に熱意を持って取り組んでいた。

さらに遠藤は、一九四二年一〇月の『服装文化』で婦人標準服に関する座談会を組み、前述の佐竹武美、女性初の文部省督学官の一人であった成田順、婦人標準服の指導監督を行う機関として設置された大政翼賛会傘下の大日本婦人服協会で常務理事を務める斎藤佳三、三越婦人服部主任の栗原幸三など、婦人標準服制定に関わる面々を招待した。成田順は女子洋裁教育を女性教育の一分野として確立した洋裁教育界の権威である。[20]これに対し、学院からは教員の野口益栄、匹田琳子、そして婦人標準服の着用経験者として学生数名が招かれ発言しているほか、『服装文化』編集部から藤川渓子が出席している。この座談会で問題となったのは、婦人標準服の「スカート丈」であった。
遠藤は婦人標準服の普及に非常に熱心に取り組んできたが、厚生省で実際に決定された婦人標準服については異論があることを、この座談会の一ヵ月前の『服装文化』九月号で表明している。

昨年厚生省から婦人標準服試作公募に際し、その募集要項が発表されたがその内容は我国の服装文化の啓発に必要にして、且つ充分なる条件を以て盛られ感嘆措かざるものがあった。然るにいよいよ標準服が発表されるに及んで、少しく募集要項と相違のあることを発見した。それは着丈の長さは前には腓《こむら》に達する程度とあったのが、腓を覆う程度となったこと、即ち十センチメートルくらい着丈が長くなったことである。これに対し筆者をして率直に言わしめれば、前案に還元せしめられたいことである。[21]

婦人標準服のスカート丈は、試作を募集した当初、膝を覆う程度の丈(「腓の上」)であったのが、制定される段階では「腓を覆う丈」に変更された。遠藤はスカート丈を長くすることに激しく反対している。彼は①そもそも「腓を覆う丈」だとこれまでより一〇センチ丈が長くなり、古くさい感じになって若い女性が興味を示さなくなる(婦人標準服が「流行しない」)、②スカート丈は、長くなればなるほど非活動的になる、③短めのスカート丈で「脚線美」を見せることで、女性の姿勢や体格はよくなる、という三点から、婦人標準服の丈を長くするという方針に反対している。

スカート丈の新たな規定への遠藤の反発は、婦人標準服の位置付けに対する国の方針の矛盾に起因していた。着用は「義務」ではなく、また婦人標準服の「基本型」に対し、洋裁専門家や一般の女性たちは「応用型」を作るよう呼びかけられていた。婦人標準服は単なる「見本」であり、そこからさまざまなバリエーションを作れるようになっていたのである。このような、一見自由度が高い婦人標準服についてスカート丈が指定されることに、遠藤は納得がいかなかったようである。

座談会に参加した三越婦人服部主任の栗原幸三は、三越で開催した婦人標準服の展示会で「応用型」を展示した顛末を述べている[22]。はじめは基本型だけ展示したものの、「基本型だけではどうも服装としても今まで着て居ったのより魅力がないというか、着て見て勝手が違うような感じもあって、それを着て実際に外に出て見る、あるいは買物に行って見るというようなところまで行っていない」という女性客たちの反応であったため、「応用型」を展示することになったという。栗原は、「佐竹先生などご覧になって、少し応用し過ぎたという感があったかもしれませんが、あれくらいにしたら確かに今までの洋服と着た感じは変わりないと思いますね」と述べている。つまり、「基本型」は明らかに魅力がなく、「応用し過ぎた」くらいでないと、女性客の目をひくことはできなかった。言い換えれば、「応用型」にしないと、今までの洋服と「変わりない」服にはならなかったのである。
　文化服装学院でも学生の製作物の展覧会のために婦人標準服を作ることにしたが、当初は「応用型」で予定していた。座談会で教員の匹田琳子はそのときのいきさつを以下のように述べている。

匹田　展覧会を致しましたが、ちょうど生徒の卒業製作に当たるのを標準服製作という具合に当てましたので、生徒は必ず着るという意気込みで作ったようです。ところが私たちそれを指導するに当たって、厚生省でご発表いただきましたのが、初め応用型でもよいというように伺いましたので生徒に相当自由を持たし、創作ということを考えるようにと指導いたしましたのです。ところが途中で佐竹先生から基本型をというようなお話しをいただきましたので、自分たちの意気込みがちょっとひるんだと申し上げましょうか、でも出来るだけ基本に近いものをと思って製作致しました。（後略）
藤川（編集部）　生徒さんたちはみんな着ようと思っていたけれども、基準型〔「基本型」の間違い〕を外れてはいけないということになったところ、基準型では案外着る人がなかったというのですね。
匹田　着る人がないというのか、自分たちがいくらやっても、一般が着ないものですから……。[23]

つまり、理事長の遠藤を中心とした文化服装学院では、婦人標準服の制定と普及に非常に協力的であったが、それは婦人標準服の「応用型」があることで学生たちの「自由」な「創作」が侵害されないという前提の上での協力だったのである。それが、厚生省に緊密に協力したために、むしろさらなる介入を許し、学生には「基本型」を作らせろという指導を佐竹から受ける羽目になってしまった。編集部の藤川は婦人標準服の権威たちの面前で、「生徒さんたちはみんな着ようと思っていた」のに、基本型を作ることになってしまい「案外着る人がなかった」と強調している。

理事長の遠藤は学校経営者ではあるが、洋裁専門家ではない。その彼が女性のスカート丈に関してこれだけ発言するのは、現在わたしたちが持っている「戦時期の男性」のステレオタイプと照らし合わせるとかなり奇妙な感じがする。しかしながら、彼のスカート丈へのこだわりは、このように婦人標準服の構想が当初持っていた自由度が制限され、若い女性たちの創作意欲を阻害しているという問題意識に起因している。その制限の端的な例が厚生省による婦人標準服のスカート丈の変更だったのであろう。

流行を取り入れるべきなのか、それとも若い女性の美意識が間違っているのか

この座談会の大きな焦点は、若い女性たちが好む服装や「流行」をどう考えるか、という問題である。「腓を覆う丈」だと若い女性たちに「流行しない」と嘆く遠藤に対し、文部省督学官の

成田順、大日本婦人服協会の斎藤佳三、そして厚生省の佐竹武美は「流行」という考え方に極めて否定的である。斎藤はむしろ若い女性たちの美意識の方が間違っていると指摘する。

大体脹脛《ふくらはぎ》を出して美しいという観念がおかしなもので出しておかしくないという観念は、一体どこからそういう悪影響を受けたものか、みっともなくて、男の方がちょっとお恥ずかしいですね。よくも図々しく汚い足を投げ出して恥ずかしくないものだ。ああいう観念からまず叩き直していかなければいけないと思う。[24]

成田も、婦人標準服を流行させようとする遠藤を容赦なく叩きのめしている。遠藤は以前にショート丈のスカートが流行した際に、文化服装学院を訪問した成田が「どうもこの頃は風呂敷に南瓜を包んだような妙な流行がはやる」と言ったことに言及し、「如何にもあれは妙な流行だった。ところがそれでもあれが世界中を風靡してしまった」と述べている。着用者である若い女性たちが持つ価値観と、成田や遠藤自身のような着用しない立場の人間の価値観の違いを遠藤は暗に指摘しており、流行を生み出すのは自分たちではなく、若い女性たちなのだと示唆しているのである。

さらに遠藤は「〔学生たちには〕これ〔婦人標準服基本型〕が流行界の先駆なんだという意気込で大手を振って闊歩しなさいと言うんだけれども、どうもやはり辺りを見回すという風が見えるのです」[25]と述べて、婦人標準服が若い女性たちの流行とかけ離れており、彼女たちの価値観に合わないことを繰り返している。その流行との乖離を端的に示しているのが、彼によると「スカート丈の長さ」なのである。

これに対し、成田は「標準服ができたから皆それにしなければならぬというそんな浮き浮きした気持ちでやって行ってはいけない」と強調した後、婦人標準服の「流行」を以下のように位置付けている。

本当に英米を崇拝的に無批判に何でも彼でも向うの着物であればいいように思う。それこそ風呂敷で南瓜を包んだ恰好でもいいと思った。そのことを考えただけでも私は恥ずかしいと思うのです。まずその根本の頭を改造して行くことが必要なので、〔文化〕服装学院はそういう心構えの上に、新しい形をただ考えるだけでなく、形として表して行くことにご尽力を願いたいと思うのです。[26]

遠藤は婦人標準服の普及を願うと同時に、若い女性たち自身の価値観や美意識を重視し、彼女たちの「流行」を自分自身が理解できなくても尊重している。これに対し、成田は若い女性たちの美意識を英米に「崇拝的」とみなし、「流行」という現象そのものを否定的に捉えている。成田は「標準服ができたからといって何もかも捨ててそれにしなければならぬというのはどうかと思います」と指摘し、「若い女性たちに受け入れられること」＝「流行」を重視する遠藤の姿勢を批判する。

「活動性」を主張する学生

ただし、スカート丈の問題は、単に美意識だけではなく、「活動性」の問題でもあった。婦人標準服を制定した主目的は、総動員期において、女性たちが防空演習や配給など地域の活動に参加するためにより適した服装を提案することにあった。理事長である遠藤が洋装関係の大物からこれだけやり込められた後にもかかわらず、学生の山田よし子は婦人標準服のスカート丈が活動の妨げになる点を指摘している。

山田　省線の階段を昇るときに、厚生省で決まりました脹脛を覆う標準服を着てまいりましたら、（中略）前の裾を踏みつけて裾が汚れてしまいました。歩むときなんかあまり長いと足もつれになってなんだか歩きづらく感ずるのです。（中略）若い人なんかには長ければダラッとした感じがして、なんだか緊張味が欠けるような気持ちがいたしますから、年齢の別によってでも着丈の長短をつけていただいたらどうかと思います。

成田　着丈に関しましては、私は今の若い人の短さ加減には目を開いて見られないと思うのです。汚い足を剝き出しにして膝から下を露わに……。（笑声）

斎藤　それは日本人ばかりじゃない西洋人もこの間靴下を穿かずに歩いているのを見受けましたよ。あれでいい気持になっているのかと思うと、うんざりしてしまう。（後略）

成田　それに夏分は蚊が食ったりして相当汚い足をして靴下も穿かずに、よくもあんな風をして出てこられると思います。まったく女の恥ずかしさも、嗜みも忘れてしまったのではないかという風に感じますよ。

山田　家庭着としてはいいと思いますけれども、活動着または外出着として、学校などに参りますと、長ければお掃除をするのにも何だか邪魔になるような感じがします。[27]

学院理事長である遠藤はもともとファッションの専門家ではなく学校経営を担当してきたため、これまでのスカート丈に関する主張は、彼の個人的な感慨というよりは、文化服装学院の教員や学生たちの意見を反映したものであったと思われる。実際、対談の後半でこの山田よし子という学生は、斎藤と成田に「汚い足を剝き出しに」と散々に馬鹿にされながらも、婦人標準服の「脛を覆う」というスカート丈の長さが通学や学校での活動の妨げになっているという主張を曲げない。

文化服装学院自体はこの座談会の後も婦人標準服のイラスト画を『服装文化』に毎号掲載しているが、スカート丈はこれ以降もずっと膝丈のままである。文化服装学院は当時の洋裁学校では最大規模であり、もっとも積極的に婦人標準服の制定やその後の普及にも関わっていた洋裁学校の一つである。それにもかかわらず、学院として婦人標準服のスカート丈が「腓より上」という点に関しては、これだけやり込められながらも、一歩も引かない姿勢を取った。厚生省の佐竹は、座談会の最後には「日本人の女」の「良心」に訴えかけるようになる。

　まあ長いとか短いとかいうことは、殊に若い人達はもっと良心的に考えていただきたいと思いますね。女の人がこんなにからだを八十パーセントも九十パーセントも全部曝け出して生活しなければならないかということを、日本人の女として考えてみる必要があると思いますね。特に教養のある人にそういう姿を真先にやっている人を多く見受けるのですが、日本人の女としてそういう点を深く考えていけば、後は長いとか短いとかいうことは自ずから解決されてくるのではなかろうかと思います。[28]

「女の人がこんなにからだを八十パーセントも九十パーセントも全部曝け出して」というのは、当時の佐竹のような男性にとっては、洋装の女性たちの半袖やノースリーブ姿も気に食わなかったからである。佐竹は、遠藤や山田が提示する合理的な論点の一切をうやむやにして葬り去るマジックワードとして、「日本人の女」という言葉を持ち出している。佐竹によると「日本人の女」として「良心的」に考えるならば、体を「全部曝け出す」ような服装にはならないはずだというのである。言い換えれば、「スカート丈」を短くするという遠藤たちの主張は、「日本人の女」にふさわしくない、すなわち「非国民」ないしは「毛唐の代用物」の主張となる。

このように、婦人標準服のスカート丈を「腓の上」にするべきだという遠藤たち文化服装学院の主張は、英米に「崇拝的」であると決めつけられてしまった。若い女性たちの価値観や美意識を尊重し、それに寄り添う形で「流行」を捉える遠藤たちに対し、成田や斎藤、佐竹らは「流行」を極めて否定的に捉えている。これまで見たように、女学生の婦人標準服の着丈の主張には、単に見た目の美しさだけではなく、駅での階段の上り下りや掃除のしやすさなどの「活動性」という観点も含まれていた。この総動員期には日本でも他の先進国同様に政府が女性たちに対して社会参加（「活動性」）を推奨しており、婦人標準服の一つの目的は女性たちに活動的な服装を示すことであった。

本質的には婦人標準服の目的と矛盾する主張をしていないにもかかわらず、若い女性たちに「受け入れられる」こと、すなわち婦人標準服の「流行」を追求した遠藤たちの活動は、これら婦人標準服に関わる決定権を持ったグループによって「日本人の女」の「良心」に反するものとして位置付けられてしまうのである。これだけ熱心に婦人標準服を普及させようと涙ぐましい努力をする遠藤らは、「反日本的」と位置付けられ、佐竹の言う「危険思想」の持ち主に近い立場として扱われてしまっている。

2　婦人標準服に賛同できないわけ

専門家たちのこだわり

このように文化服装学院理事長である遠藤政次郎は婦人標準服を肯定する一方で、そのファッション性や機能性を問題視したのに対し、標準服化の議論そのものに対し距離を置く著名な洋裁教育家もいた。ドレスメーカー女学院の杉野芳子は婦人標準服にまったく関わろうとしなかったため、「〔洋裁家の〕伊東茂平先生ともども厚生省から呼び出されてしまいました」と自伝で回想している。理由について、杉野は以下のように述べている。

いくら非常時でも、ただ活動しやすいだけのものより、どこかに少しでも美しさのあるものを着たいのが女性でしょう。私としては「〔婦人〕標準服を着なさい」と生徒に強制したくありませんでした。

そうしているうちに、同じ考えの伊東茂平先生ともども厚生省から呼び出されてしまいました。

「なぜ取り入れないのですか」

という詰問に対して、私は、

「取り入れないのではありません。沈黙しているのです」
と言い、もっとみんながついてくるようなものを作るべきだと負けずに日ごろの考えを述べたてたところ、「ではそれを作ってみなさい」ということで無事放免。[29]

杉野によると、杉野自身も伊東も、婦人標準服が「どこかに少しでも美しさのあるもの」とは思えなかった。そして、その主張を彼女は厚生省で担当官に直接伝えた（「述べたてた」）というのである。実際、ドレスメーカー女学院の同窓会誌兼ファッション情報誌であった『D・M・J会誌』では、婦人標準服の作り方をほとんど紹介していない。一緒に厚生省に呼び出された伊東茂平も『婦人画報』などで女性向けの「非常時服」については頻繁に作り方や解説を載せているが、それらは彼がデザインしたもので、制定された婦人標準服にはあまり言及していない。

神戸で洋裁を教えていた田中千代も婦人標準服の「応用型」のデザインを提案しているが、婦人標準服が一般の女性たちと離れた場で専門家によって議論され制定されたことについては批判的な意見を述べている。このように学校も経営する著名な洋裁家の中には、婦人標準服について疑念を持ち、それを公にする者もいた。

しかし、これら婦人標準服に距離を置いた洋裁指導者が国策に非協力的だったかというと、そうではない。ドレスメーカー女学院でも田中千代の衣服研究所でも、陸軍被服廠への勤労奉仕や勤労動員などを行っており、軍関係の衣類を学生の動員によって製作納入していたという点では、文化服装学院と同じである（文化服装学院は海軍衣糧廠へ納入していた）。伊東も女性の家庭着を戦時にふさわしい服装に改良する提案を、『家庭画報』などでたびたび行っている。またドレスメーカー女学院では一九四一年に赤羽の陸軍被服廠への勤労奉仕を行ったが、これは洋裁学校としては比較的早い時期の参加であった。その際には学生全員が工場での作業着として「ユニフォーム」（上下つなぎのズボン型ジャンプスーツ）を製作し、着用した[30]。

したがって、文化服装学院の遠藤以外の洋裁学校関係者も、国の方針にむしろ協力的であった。しかし遠藤同様、婦人標準服に対しては一定の引っかかりを持っていた。なぜ、洋裁関係者たちは婦人標準服に対して疑義をさしはさんだのであろうか。どのような点が問題になったのであろうか。

政府関係者や政府に追随した成田順などの家政系洋裁学の権威が主張した洋服型の婦人標準服に対し、洋裁専門家が問題とした点は、洋服を着用するという具体的レベルにおける美しさであり、着心地（機能性）であった。例えば文化服装学院の遠藤の場合、問題にした点は先に述べたようにスカート丈であった。短いスカート丈は若い人にアピールするファッション性を持つだけでなく、機能的でもあり、そのために女性はより活動的になり身体的にも体位が向上すると主張しているのである。女性の体位の向上や女性がより活動的になることは当時の政府の方針でもあり、言わば「報国的」なものであるが、それを可能とするのがファッション性の高い「短いスカート」であるというのが、彼の主張の中心である。流行の「洋装美」なしに「報国」は可能にならないのである。

個性に合わせる服作り——ドレスメーカー女学院長・杉野芳子

これに対し、ドレスメーカー女学院長の杉野芳子は、彼女自身のアメリカでの経験から、洋服は個人の体形に合わせて作られることで初めて美しさが生まれるものであり、「標準化」は洋装美から遠ざかる以外の何物でもないと考えていた。一九一〇年代にアメリカに単身で渡りニューヨークで自活した杉野は、アメリカではすでに主流となりつつあった既製服が大きすぎて似合わなかったため、流行服の型紙を購入して自分の体のサイズに合わせて洋服を作った。身長が低いことにコンプレックスを持っていた杉野だが、洋服を自分で作るうちに、自分は「小さい」が「太り過ぎていない」ことなど、自分の体形の長所を理解し、それを活かす服作りを行うようになった。この個人の体形差、そして長所を見つけて活かす洋服作りにより、杉野はニューヨークで周囲の人々から認められ受け入れられたと語っている。[31]

杉野はアメリカでの成功体験から、個人の顔立ちや体形の違いに合わせるために仮縫いを多く行い、個性を活かした美しいシルエットを作ることを重視し、それがドレメの根本的な思想となった。原材料統制により新しい洋服地の入手が困難になり、和服地を再利用する「更生」が主流となった戦時期においては、個人差に合わせた洋服作りという観点は以前より重要になってきたと杉野や学院の教員たちは考えている。『D・M・J会誌』一九四一年春号の「これからの服装を語る座談会」において、杉野は教員たちと以下のように語っている。

原　生徒の持ってくる材料と、着る本人とがぴったりしないことが随分とございます。（中略）持って来た材料がとても面白くて、飛びつきたいように思うものでも、ご本人の体つきだとか、年配だとか、その人の持っている感じなどによって、何としても似合わない時には、むざむざ捨ててしまうこともございます。（中略）和服更生を扱う場合、特にこの材料と着る人の個性のギャップに、とても苦心いたします。

院長〔杉野芳子〕　この場所で申し上げるのは何ですが、この先生方の良心的な不断の努力が積もり積もってこの学校を大きくして行ったと申せましょう。ほんに瑣細なこともおろそかにせず、生徒の似合うものを考えてあげる、どうすれば似合うかを教えていく、服を作りさえすればそれでよいというのでなく、服は着て初めて服なのですから、着る人のための服を作る、寸法を合わせると同様に個性に合わせる、この個性に合わせるということをおろそかにしなかったという点が本学院の教授法の大きな特長の一つに数えられましょう。この努力はとても大切なことであろうと思います。[32]

「更生」すなわち「貯蔵衣料」の再利用をするという国策に沿った服作りについて懇談しているにもかかわらず、原は学生が持って来た材料となる古着が「とても面白くて、飛びつきたい」と、まず美的な価値観から材料を判断している。そして、「ご本人の体つきだとか、年配だとか、その人の持っている感じなどによって、何としても似合わない時には、むざむざ捨ててしまうこともございます」と述べ、少しも無駄が許されない風潮の時代に、捨ててしまうこともあると現状を述べているのである。

これに対し、学院長の杉野は原の行動をむしろ賞賛している。「瑣細なこともおろそかにせず、生徒の似合うものを考えてあげる」「寸法を合わせると同様に個性に合わせる」ということが、学院の教育方針としてもっとも重要な点であると指摘しているのである。更生はこのように再利用する和服地自体の特徴と、着用者本人の個性がマッチするかどうかが非常に難しかったため、この上さらに「標準服」として形を統一されてしまうと「個性に合わせる」服作りができないとして、杉野は反対していたのである。

洋装の美しさは立体造形である洋服がいかに着用者の身体にフィットするかという点にあり、着用者にフィットするということは標準服に使われる「貯蔵衣料」の質感、色、柄、洋服の形、というくつもの条件の中で成立するものであった。更生を積極的に学校で指導していた杉野は、そもそも家に残っている「布団にも使えない」ような弱い和服地（絽《ろ》が多かったらしい）を更生して洋服にする難しさをすでに経験していた。着物の持つ柄や色が若い学生に合わない、また生地が弱すぎてシルエットが限定される（タイトなものだと体の圧力に生地が負ける）などの問題を教員たちは同じ座談会で話し合っており、更生そのものにこれだけ問題があるのに、そのうえ形まで限定すると、「個性を活かす」洋装にはならないというのが杉野の主張であった。

しかしながら、洋装を「個性」に合わせて作るというドレスメーカー女学院の主張は、「米英的」であるという強い批判を浴びることも当然ながらあった。卒業生で、札幌に北海ドレスメーカー女学園を設立した渡邊淑子は、札幌での洋裁学校関係者の会合で以下のようなやり取りがあったことを述べている。

北海道唯一の都会地たる札幌でも、まだ昔気質の意見が採用されましてて困りますが、過日会合の席上で札幌の元老たる、洋裁学校長が次の如きことを申しました。

近頃は欧米模倣、また東京人の真似をしてハイカラなパーマネントをかけ洋服も何とかタイプ……とか言って個性に合わせるデザインを主旨にする学校がある。そんなことは止めて欲しいとのお話しでした。私のところでも、東京のままは土地柄上とても出来かねますので、相当に地味にしておりますし……。[33]

「何とかタイプ」というのは、ドレスメーカー女学院の学生たちが着る洋服の形を「ドレメタイプ」と呼んだことを、札幌の「元老」である洋裁学院長が皮肉ったようである。そのような東京のドレスメーカー女学院の影響を強く受けた渡邊の北海ドレスメーカー女学園は、「欧米模倣」「東京人の真似」「個性に合わせるデザイン」と洋裁学校長会議で批判されている。このように、同業者からもドレスメーカー女学院の個性重視の方針は批判されることがあったわけで、渡邊は「卒業生でもかような苦々しい経験は多分お持ちのことと」と、全国各地で洋裁学校を開いている他の卒業生たちを心配している。個性の重視はドレスメーカー女学院の根本に関わる価値観であり、それはカリスマ的な人気を誇った杉野芳子と彼女の多くの教え子たちに共有された美意識であった。洋装への風当たりが強まる中で婦人標準服が制定され、女性向け洋服への国からの直接的な介入が行われるようになった。ドレスメーカー女学院の卒業生たちが作る洋装は「欧米模倣」の「個人主義」と非難されたが、彼女たちは学校で学んだ「洋装美」の基準を簡単に手放すことはできなかった。

婦人の納得が必要――「皇后のデザイナー」田中千代

神戸で洋裁を教えていた田中千代は、英国大使、米国大使などを歴任したエリート外交官の家庭に生まれ、与謝野晶子が設立に関わった文化学院で自由主義教育を受けている。その後、後に神戸大教授となる夫の洋行に同行したが、実際には夫と離れて五年間もパリ、ジュネーブ、ニューヨークなどで洋裁や芸術を学んだ独立心の強い女性である。一九三四年に勉強を終えて帰国する際、船上で鐘紡の社長を務めた武藤山治の妻、千世子《ちせこ》と出会い、帰国後は大阪心斎橋の鐘紡ステーションを手伝うようになった[34]。

田中は、そこで鐘紡製の洋服地を型紙に合わせて裁断する、当時流行っていた「無料裁断」を行っていた。客の女性たちは型紙から自分で洋服を作るために裁断してもらっていたのだが、洋服の作り方がわからない女性たちがたびたび田中を訪ねてくるようになったため、田中は神戸の自宅で洋服の作り方を教えるようになったという。この後、田中は急速にメディアに露出するようになり知名度を高め、婦人標準服に関してもたびたび意見を求められるようになった。彼女は非常に率直な人柄だったようで、一九四一年四月の『朝日新聞』のインタビューでは以下のように意見を述べている。[35]

わたくしども婦人の立場から考えますと、大体において、理論ずくめの着物というのが、このごろは非常に多くなってきたようです。

もちろん、理論である程度紹介して、それを婦人がきいて納得するということは必要です。例えば体裁は悪いが、保温力があるから辛抱せよといわれれば、その場合は辛抱すると思います。また生地は経済的の理由から、これ以外にないのだと、その理由をはっきり解らせてもらえれば、わたくしたちは喜んで、それを着ると思います。ただ「こういうものができたから着ろ」ということでは、それを着るわけにはゆかないと思います。

理論をはっきり示していただくと同時に、また理屈だけでないところの、着心地のよいものを示すということも必要です。

田中は驚くほどはっきりと、「婦人の立場」からすると『『こういうものができたから着ろ』というこことでは、それを着るわけにはゆかないと思います」と述べている。田中は、着用者としての「婦人の立場」を重視しており、国から婦人標準服を「正しい」服装として押し付けられたとしても、「婦人がきいて納得」できない場合は、女性たちはそれを受け入れることはないと主張している。

また婦人標準服が、厚生省の外郭団体やメディアなどさまざまな場で議論される中で、「理論ずくめ」になっていることを問題点として指摘している。実際に婦人標準服を自分で着ることのない男性の専門家や役人が関わることで、服装が著しく「理論ずくめ」になり、「着心地のよさ」という着用者としての女性の視点が失われていることを、田中は問題視しているのである。

文化服装学院の遠藤政次郎が婦人標準服の「流行」は若い女性たちの美意識を反映した場合に起こるとして、着用者としての女性の選択を重視していたのと同様に、田中千代も実際に着用する女性にとって「着心地」のよいものであるのか、女性が選びたいと思うものであるのかどうかを問うている。婦人標準服の権威たちは女性たちの判断力を軽視していたが、遠藤や田中は重視しているのである。

婦人標準服の普及に全力を注いだ文化服装学院の遠藤と、標準服化に賛成しなかったドレスメーカー女学院の杉野、神戸で洋裁を教えていた田中千代は、一見立場が違うように見えるが、基本的な立場は共有していた。彼らは婦人標準服甲型という「洋服」を実際に着用した際に「美しい」のか、そしてそれは着心地がよいのか、本当に動きやすく活動的なのか、という点を問題にしていたのである。

食い違う価値観

この総動員期に女性の服装は、流行やおしゃれという観点から、「報国的」という観点で捉え直されるようになる。女性が防空演習、配給、隣組などの活動で「活動的」になることが期待されるようになる中で、女性の洋装は「戦時に相応しい」とみなされるようになった。しかし一方で洋装には「上流階級の服装」という大正までのイメージも残っており、洋装のおしゃれを「奢侈的」と考える人も多かった。和服などの古着を洋服地として再利用する「更生」は、洋装のおしゃれを「奢侈」という上流的なイメージと切り離すためにドレスメーカー女学院長の杉野芳子などが積極的に利用したカテゴリーであった。更生はこれまで見たようにデザインの自由を保証したのに対し、より「正しい」服装として厚生省から提案されたのが婦人標準服であった。

周縁的な位置付けであった洋裁教育は、大正期の西洋式生活を推奨する生活改善運動の影響もあり、「家政学」の一部として女性が学ぶべき正統的学問の一部になっていく。文化服装学院の遠藤政次郎と座談会で対立した成田順は、文部省派遣でイギリスの洋裁教育の視察を行うなど、洋裁教育を女性教育の一部として位置付けた権威であり、当時の女性教育の中心であった東京高等女子師範学校教授であった。彼女の意見が厚生省生活課の佐竹と非常に近いのに対し、遠藤や他の洋裁専門家たちは、それぞれが女性の洋装や婦人標準服に関し独自の見解を持っており、それらは政府見解の「戦時に相応しい服装」とはかなり大きなズレを露呈することになった。

この時期に「家政学」として権威を与えられた領域の外部で洋裁を教え始めた人々は、婦人服職人、欧米でのデザイン教育などの経歴から女性洋服作りにアプローチし、その結果として他の女性たちに洋服作りを教えることになった。彼らに共通するのは、女性の洋服を「ファッション」として捉える視線であった。すなわち、洋服はあくまでも女性の美しさを引き出すものであり、杉野芳子の言葉を借りるなら、日本人女性が「大根足」なら、「大根足でも美しく見えるような」ものでなければならない。日本人が着る洋服に美しさを求めたのが、これらの洋裁学校関係者であった。

そして、洋装の美しさは同時に「流行美」でもある。欧米、特にパリやニューヨークの流行に関心を持ち、あまりにも「流行遅れ」にならないような気配りが常に必要であると考えられた。このような欧米への視線は近代化の一部として洋装を捉え、そのために欧米を視察した成田など家政学の教育者たちの欧米観とはまったく異なったものである。流行する素材やシルエットによっては、流行を取り入れた服装は不衛生にも（寒い時期に軽く薄い素材が流行る、短いスカートが流行るなど）、不経済にも、非活動的（タイトスカートの流行など）にもなりえた。洋裁学校関係者は、当時の家政学者と同様、欧米から学ぶというスタンスを取っていたが、洋装に関しては両者が学んだものの間には矛盾点も多かった。このような洋裁教育家たちは公的に保証される権威

（つまり、すでに整った家政学という教育制度）の外部にいたが、これまで見たようにメディアを通じて知名度を高めていた。そして、彼らのメディアでの戦時期の活躍は、このように洋装の国策的な見方と矛盾を深め、それを露呈していくことになったのである。

3　洋裁学校卒業生の活動

意図せず洋裁を仕事に

洋裁専門家たちがメディアを通じてさまざまな情報発信を行っていたのは見てきたとおりだが、一般の女性たちが洋裁を身近に感じるもう一つの契機として、地元へ帰ってきた洋裁学校卒業生の存在があった。地方によっては洋装する女性自体が珍しい場合もあり、都会的な彼女たちが露骨に批判されることもあった。逆に洋装が非常に進んでいる地域もあり、卒業生が大歓迎される場合も少なくなかった。

既製品の婦人服がほとんどない時代に、洋装の知識があまりない一般の女性たちは、卒業生たちをどう見ていたのだろうか。そして、卒業生たちが学んだ洋装についての美意識をどのように感じていたのだろうか。ここでは史料の関係から、ドレスメーカー女学院の卒業生たちが同窓会誌に送った手紙をもとに、卒業生たちの動向と一般女性たちの洋装への反応を考えてみたい。[36]

東京で洋裁を学び帰郷した女性たちの多くは、地元で大人気だった。日中戦争前の一九三四年、夏休みのために帰郷した本科の中村葉子は、友人の訪問を次々受けることになってしまった顚末を以下のように伝えている。

帰郷後間もなく、たった一人のお友達をお招きしたのが原因で、東京に比ぶれば比べものにならない狭い範囲の都会のこととて私の帰郷が四方八方へ広がり女学校時代のお友達が今日は一人明日は二人と入れ替わり立ち替わりに尋ねていらっしゃるのには面喰ってしまいました。

（中略）

「え、ご自分でお作りになったの、好いわねえ」

「スタイルブック見せてよ」

「学校面白そうね、詳しく報告してよ」

「海へ行くまでに欲しいの。たった一枚で好いから手伝ってね」（中略）

その日以来製作品をずらっと整列させた小さなお部屋が夏季臨時出張洋裁研究所と変わり暑い真夏も人の絶えたことがないという盛況ぶりで私は小ドレスメーカーに成り済ましたというより無理矢理にさせられてしまい、暑さも却って楽しと仮縫いにデザインにと甲斐甲斐しく働きました。[37]

中村はまだ学生の身でありながら、次々と訪ねてくる友人の洋服作りを夏中手伝うことになってしまった。ことさら帰郷を宣伝したわけではない。しかし東京の有名な洋裁学校で学んでいるということは、彼女の女学校時代の友人たちには相当魅力があったのだろう。「入れ替わり立ち替わり」友人が来訪し、「小ドレスメーカー」となってしまった。仕事にするかどうか、考える間もなく人が押し寄せてきて、教えたり仕立てたりするようになってしまったのである。東京の洋裁学校卒業生（中村の場合は在学生だが）が、いかに地方の若い女性たちに魅力があったかを伝えるエピソードである。

中村のように洋裁人気を伝える手紙は数多く掲載されており、戦時期を通じて衰えることはない。日中戦争開始後の一九三九年に中野晴子は「女学校の先生方やお友達のを一度作って上げましたら最後次から次へと頼まれまして私一人ではどうにもならないくらい」であると伝えている。先の中村と同じような状況である。さらに彼女は本格的に教えることになってしまった顚末を書いている。

上京前和裁の方で少し見てあげておりました方達や小学校の先生方がぜひ洋裁のョの字だけでもと申されますが、私などは到底そんな大それたこともできませんので再三辞退いたしましたが聞いて下さいませず致し方なく四月一日より及ばずながら研究所のようなことをやっております。今では仕立屋と言いたいようなものでございます。大阪には東京に次いでまだまだ洋裁の大家もたくさんおられますし近所にも二軒くらいあるそうで私のようなものは卵とも何ともたとえようのない未熟なものでございます。[38]

中野の場合も、最初気軽に友人や女学校の先生に洋服を作ってあげたところ、評判が良かったために人が集まり、頼み込まれて洋裁の研究所を開いて教えながら仕立ても続けることになったようである。このように東京で洋裁を学んで帰郷した後、あまりにも人が集まり熱心に頼まれたために、洋裁教授や仕立物をすることになった、という手紙が会誌には多く掲載されている。卒業生の中には入学前からデザイナーや洋裁教師などを目指し、職業人としての強い意志と覚悟を持って仕事を始める者もいたが、手紙で多く見られるのは、このように卒業して帰郷後に人から頼まれて教授や仕立てなどの仕事を始めたというパターンである。[39]

当時、洋裁学校に通った女性たちのほとんどは女学校を卒業しており、経済的に就職が必要な階層の女性ではなかった。むしろこれまで見てきたように、「職業婦人」となることを忌避する風潮さえあった。そのような女性たちが、周りから頼まれて仕立物をしたり、洋裁を教えたりしてしまう。それほど、洋裁学校卒業生を取り巻く周囲の女性たちの洋装への憧れが強まっていたと言えるだろう。

このように洋裁を学びたい、洋服を仕立ててほしい、と卒業生の周りに集まった人々が手にとったのが、洋裁学校が発行していた洋裁専門誌である。このような専門誌を通じて、女性たちは洋装に関するどのような価値観を卒業生と共有していたのだろうか。

夢中で読まれた『D・M・J会誌』――価値観の共有

大規模な洋裁学校では学校で同窓会誌を発行したり、またスタイルブックや洋裁指導書を発行する場合があった。文化服装学院では現在まで続くファッション誌『装苑』の発行が一九三六年に始まっている。またこれ以外に数種類の洋裁関係の月刊誌をこの時点で発行しており、洋裁学校としては例外的に非常に強い出版局を持っていた[40]。ドレスメーカー女学院では同窓会誌を年二回発行しており、最新流行スタイルの紹介や流行服や身装品の仕立て方（作り方）など、洋裁情報誌としての側面が強い会誌を卒業生会員に送っていた。

洋裁や洋装に関する一般書が少なかった時代に、女性たちが洋装に関する情報を入手したのは婦人雑誌からだった。しかし当時の婦人雑誌は総合雑誌だったため、ファッショングラビアや作り方記事もあるとはいえ、夫婦の問題、子育て、貯蓄、料理などにも大きくページを割いており、洋装に興味がある女性たちにとって決して十分な情報量ではなかった。このため洋裁学校で出版する洋裁専門誌や同窓会誌の洋裁情報やファッション情報は、卒業生だけでなく、洋裁に興味を持つ一般の人々にとっても貴重な情報源だったようである[41]。ドレスメーカー女学院の卒業生たちは近所の女性や友人が『D・M・J会誌』を夢中で読み、スタイルについて話し合う様子を伝えている。

一九三九年秋号に手紙が掲載された新重子は仕立物を仕事にしているようだが、仕立物を注文する客や近所の人たち、友人などの間で会誌が読まれる様子を伝えている。

先月も私方へ御洋服を頼みにいらっしゃった方がわたしの差し出したDMJ会の会誌をご覧になって、〝随分よい型がたくさんございますね。どの型にしたらよいか、わからなくなってしまう〟とおっしゃっていました。私は申しました。「この中に出ているスタイルには全部院長先生がお選びになるので型のよい物ばかりです」と私は少々鼻を高くしていばってやりたい気持ちがしました。（中略）会誌が来る毎にご近所やお友達の人達にお見せすると大変喜んで、「今度縫ってもらうスタイルはこれにしてよ、私はこれよ」と皆さん、てんでなことを申しては、頁をめくっていらっしゃいます。[42]

スタイルブックなどが入手しにくい地方へ帰った卒業生たちにとって、流行を知るための重要な媒体が同窓会誌である『D・M・J会誌』であった。彼女たちはその会誌を友人や仕立物を注文する顧客などと共有し、服のデザインを提案するために活用していた。新の手紙でも、会誌は最新流行を伝えるファッション情報誌として「ご近所やお友達」に読まれていることがわかる。そこで重視されていたのは、「スタイル」や「型のよい物」であった。女性たちは、洋裁専門誌に多く掲載されていた、流行のデザインに夢中になっていた。

しかし洋裁の最新流行とは、すなわち欧米での流行のことである。国粋的な風潮が高まる中で、

図4－7　杉野芳子による流行紹介グラビア（1937年）

このように欧米の最新流行を伝える会誌はどのように見られていたのだろうか。ドレスメーカー女学院長の杉野芳子は日中戦争がはじまった一九三七年にニューヨークやパリなど欧米の主要都市を巡り、有名デザイナーを訪問して最新流行を学ぶとともに、洋裁学校を訪問して最新の洋裁教授法を視察した。彼女は帰国後「デザイナー養成科」を新設し、視察の成果を宣伝した。このような欧米視察の成果は当然会誌でも共有されており、最新ファッションの写真やスキャパレリなど一流デザイナーのインタビューが誌面を飾った（図4－7）。

杉野の欧米視察は会誌を読んだ卒業生に強い印象を与えたようで、一九三八年春号で八木まつ枝は「パリー、ニューヨークなどからのすばらしい写真！片田舎にて、何となく物足りなく過ごしておりました私を、どんなに慰めてくださったことでしょう」[43]と述べている。卒業生だけでなく、彼女たちを取り囲む女性たちの間でも、杉野が伝えた欧米の街並みや最新流行は大評判だったようで、同じ一九三八年春号で、岡田要子は雑誌の内容に驚く友人たちの姿を以下のように伝えている。

このたびの会誌は今までと異なり色々と外国のニュースが直輸入で本当に拝見していて愉快に存じました。……諸先生方のニューデザインいつもながらたのしみでございます。……友達などに会誌を見せましてもみなさん吃驚しております。こんな高級な本をまた他に類例のない内容などと羨ましがられますので、誰にお見せしても鼻高にございます。[44]

杉野が撮影したニューヨークの摩天楼やタイムズスクエアなどの大都会の様子、ニューヨークの有名な洋裁学校の見学とデザイナーの訪問、パリのスキャパレリらオートクチュールの有名デザイナーとのインタビューなど、最先端のニュースに八木自身が喜び、また岡田の友人たちが「吃驚」したことを伝えている。

杉野が洋行した一九三七年から一九三八年の時期は総動員体制が敷かれ、『D・M・J会誌』にも「貯蓄報国」「節米」など、当時の国の方針を強く意識した国家主義的な論調のエッセイが掲載されるようになった。時局的に杉野の洋行が目立ち過ぎることを警戒した、杉野繁一（杉野の夫）による配慮だった。しかし会誌を読む女性たちの関心はこのような「報国」を説く文章にはなく、「外国のニュースが直輸入」の内容を、「高級」だと羨ましがっている。女性たちが求めていた洋服が、ニューヨークやパリの大都会や、そこに住む洗練された人々のイメージと重ね合わされていることがわかる。女性たちは洋服にスタイルを求めたが、そのスタイルはパリやニューヨークのものであった。このような女性たちに和洋折衷の婦人標準服が受け入れられなかったのは無理もないだろう。

戦争の長期化と女性たちの美意識

このような欧米の最新流行紹介は、一九四〇年頃からは減っていく。特に白人女性がモデルとなったファッションポートレートを配したグラビアページは、一九四〇年頃からまったくなくなってしまう。写真やイラストのない流行解説記事では、杉野は一九四〇年代にもまだ「パリは何故に流行の中心地であるか」(一九四〇年春号)などの文章を書いているが、デザインを紹介するページは極端に減少した。このように会誌自体では欧米的な流行洋装のグラビアや作り方記事、流行解説記事が減少し、国策的な服装紹介、作り方紹介が増えていった。多くの卒業生読者は洋服作りの参考に会誌を重視していたが、彼女たちはこのような変化にどう対応したのだろうか?

一九四一年頃から洋品店やデパートなどで婦人洋装品を販売することが難しくなったため、洋裁学校卒業生は洋裁師やデザイナーとしての就職よりも、洋裁学校や洋裁塾を開いて洋裁を教えることを目指すようになった。[45]「不要不急」という扱いを受けないためには、洋裁学校や塾は「時局的」であることを示す必要があった。このため卒業生たちが開いた洋裁学校や講習所、私塾などでは、婦人標準服など「戦時服」として国から指定された服装の作り方を、学校や地域の婦人会などで教える場合もあったようである。

しかし、卒業生たちの学校で実際に作られていたのは、多くはスカート型の普通の洋装だったようである。各地で洋裁学校を開いていた卒業生が送ってきた学生の集合写真では、彼女たちの洋裁学校でどのような洋服を作っていたかわかる場合もある。一九四〇年春号に掲載された、小泉貞子が開校一周年を記念して生徒と撮った集合写真では、和服姿の生徒の方が多い（図4－8）。


残念なことにいまだ和服党が多くてこの日は又、特別に皆和服でして先生にお叱りを受けそうでございますけれど来春また、五十名になりましたら、今度はみなお洋服で写しましてお送り申し上げるつもりでおります。生徒もみなそのつもりでございます。[46]

当時は写真撮影の機会が少なく、集合写真では晴れ着を着る傾向が強かった。若い女性が着る華やかな服装としてはまだ和服が一般的であり、地方都市ではその傾向はさらに強かったと思われる。しかし、一九四二年春号の平塚洋裁学院の集合写真では、女性たちは全員がスカート姿の洋装である。学生数もかなり増えている（図4－9）。この平塚洋裁学院以外にも、一九四〇年代に卒業生が経営する学校で撮影した集合写真では、洋服姿の生徒の写真が増加するが、それらはスカートスタイルの洋装である（図4－10）。

軍事色が濃くなったとはいえ、卒業生たちが運営している学校では、学生たちが『D・M・J

会誌』が提案する流行のスタイルに相変わらず盛り上がっていた。一九四三年春号で飾磨洋裁研究所の藤本しげ子は、学生たちが会誌の到着を「今日か明日かと待っておりましたこととて、生徒たちは帰宅も忘れて読みふけって、〝素晴らしいわね〟とか〝着てみたいわ〟とか感嘆詞の連発で室内は大変でございました」と伝えている。

用紙配給制限のため『D・M・J会誌』のページ数は極端に減っており、最盛期に二〇〇ページあった雑誌が、最終号では八〇ページほどになってしまっている。そのようにページ数が減ら

（上）図4－8　平塚洋裁学院開校一周年（1940年春）
（中）図4－9　平塚洋裁学院（1942年春）
（下）図4－10　岐阜ドレスメーカー研究所（1941年）。岐阜ドレスメーカーでは毎日学生を受け入れていた。和服の女性はまだ自分で作った洋服を持っていなかったと思われる

され、また「非常時服」など掲載される服装のバリエーションも減っていくが、卒業生やその学生たちは乏しい情報の中にある「スタイル」をがんばって探していた。会誌には「アメリカニズム」として排撃されたはずの毛皮を襟につけたスタイリッシュなコートが「教材用デザイン集」(最終号では「教材用絵姿集」)に一九四二年秋号でも掲載されているなど、流行の要素がひそかにデザインの中に組み込まれていた(図4-11)。

卒業生たちや彼女たちを取り巻く各地の女性たちは、検閲が強まり洋装の自由度が著しく奪われる中でも、会誌のひそかなスタイルのメッセージを読み取り、洋裁に活かしていたと思われる。そして洋裁学校卒業生や、洋裁学校が発行する洋裁専門誌を通じて、各地の女性たちは洋装のおしゃれ、流行、スタイルを学び続けた。このように培われた洋装美の感覚が、国が大宣伝を行った和洋折衷の婦人標準服を受け入れる障害となったことは想像に難くない。

図4-11 『D・M・J会誌』のデザイン集。毛皮の襟付きコートも見える(1942年秋号)

1 小泉和子『洋裁の時代——日本人の衣服革命』OM出版、二〇〇四年。
2 伊東衣服研究所『伊東茂平　美の軌跡』婦人画報社、一九九六年。
3 井上雅人『洋服と日本人——国民服というモード』廣済堂出版、二〇〇一年。
4 『文化服装学院教育史　創設70年のあゆみと未来』文化学園・文化服装学院、一九八九年。
5 「杉野芳子」編集委員編『杉野芳子 SUGINO YOSHIKO』杉野学園、一九七九年。
6 『D・M・J会誌』一九四〇年春号。
7 丹羽文雄「若き男女の倫理」『改造』一九四一年五月号。
8 遠藤政次郎「緊要なる洋裁教育家の覚醒」『装苑』一九四一年六月号。
9 大塚美保子「洋裁生に」『朝日新聞』一九四〇年六月二七日付。
10 『D・M・J会誌』一九四二年春号、一七頁。
11 「洋装」という言葉自体が使いにくくなっていた点については、中山千代『日本婦人洋装史 新装版』吉川弘文館、二〇一〇年。
12 田中千代『夢しごと——田中千代の世界』ミネルヴァ書房、一九八四年。田中の洋裁教室が大きくなったため、教室の建物を軍に接収されることを心配した兵庫県担当者が県の公認の洋裁学校として認可を取っておくことを勧めたようである。田中は戦時の「抑圧」の一コマとして記憶していたようだが、県担当者はむしろ親切だったと思われる。
13 井上前掲書。
14 井上前掲書。
15 井上前掲書。
16 井上前掲書。
17 井上前掲書。
18 佐竹武美「〝私のきもの〟の観念」『服装文化』一九四二年四月号、九頁。

19 遠藤政次郎「大日本婦人服協会の設立を慶ぶ」『服装文化』一九四二年八月号、五頁。
20 大沼淳『文化服装学院四十年のあゆみ』文化服装学院、一九六三年。
21 遠藤政次郎「婦人標準服の着丈に就いて」『服装文化』一九四二年九月号、六-七頁。
22 『服装文化』一九四二年一〇月号、七頁。
23 『服装文化』一九四二年一〇月号、七-八頁。
24 『服装文化』一九四二年一〇月号、九頁。
25 『服装文化』一九四二年一〇月号、一一頁。
26 『服装文化』一九四二年一〇月号、一二頁。
27 『服装文化』一九四二年一〇月号、一三頁。
28 『服装文化』一九四二年一〇月号、一四頁。
29 杉野芳子『炎のごとく』講談社、一九七六年、一七六-一七七頁。
30 杉野前掲書。
31 杉野前掲書。
32 『D・M・J会誌』一九四一年春号、五二頁。
33 『D・M・J会誌』一九四二年春号、七八頁。
34 田中前掲書。
35 『朝日新聞』一九四一年四月二六日。
36 ドレスメーカー女学院の同窓会誌である『D・M・J会誌』は、一九三四年から一九四三年まで毎年春秋二号出版されていた。卒業生が主な読者であったが、卒業生以外でも申し込めば会員になれたようである。同窓会誌と言っても、最新流行解説や流行服の作り方、靴、小物、婦人帽などの紹介や作り方の解説もあり、洋裁専門誌としての特徴を備えていた。
37 『D・M・J会誌』一九三四年秋号、五二頁。
38 『D・M・J会誌』一九三九年秋号、一〇六頁。

39　飯田未希「戦時期の洋裁学校卒業生たち――『D・M・J会誌』の分析」立命館大学政策科学会編『政策科学』二七巻三号、二〇二〇年、二七三-二八九頁。
40　大沼前掲『文化服装学院四十年のあゆみ』。
41　女性雑誌の歴史的変化については、坂本佳鶴恵『女性雑誌とファッションの歴史社会学』新曜社、二〇一九年。
42　『D・M・J会誌』一九三九年秋号、一〇三頁。
43　『D・M・J会誌』一九三八年春号、一〇四頁。
44　『D・M・J会誌』一九三八年春号、一〇四頁。
45　飯田前掲論文。このような傾向はドレスメーカー女学院卒業生の間には明らかにあったが、デパートや洋品店などの商売継続が困難な状況を考えると、ほかの洋裁学校でも同様の傾向があったと考えられる。
46　『D・M・J会誌』一九四〇年春号、一三七頁。

第5章　モンペをはくのか、はかないのか

1　報国的な「正しさ」と美的な「不格好さ」

カッポウ着からモンペへ

戦時期に都市部の消費文化が「個人主義的」として問題視されるようになるにつれて、地方、特に農村の女性たちがモンペをはいて働く姿が女性のあるべき姿として称揚されるようになった。婦人雑誌などでは一九四〇年前後から国策を解説するような記事が増えるのと並行して、地方でモンペをはいて報国的な活動を行う若い女性たちを賞賛するような写真入り記事が頻繁に掲載されるようになった。本章で考えたいのは、このように「戦時に相応しい服装」の代表となったモンペを、女性たちは実際にどう考えていたのかという点である。

当時の女性たちの心情を明らかにすることは、史料的には非常に難しい。このため、モンペについての戦後の回想記などを除いては、新聞や婦人雑誌などの記事から間接的に当時の女性たちの考え方を推察するという方法をとりたいと思う。

日中戦争以前、女性の戦争協力の象徴的な姿は、一九三一年の満州事変の後に結成された国防婦人会の女性たちが和服の上に着用した白いカッポウ着であった。大阪港から出征する若い兵士を気の毒に思った近辺の主婦たちがお茶を差し入れするようになったのが、国防婦人会の始まりと言われており、その際の服装が和服に真っ白なカッポウ着というスタイルであった。大阪の女性たちが出征兵士たちにお茶を出したり見送ったりしたのは、いわば自然発生的な集まりであったが、その後、この活動は陸軍がバックアップするようになり、急速に各地方で国防婦人会が誕生した。その中で、兵士の見送り、慰問袋の製作、活動資金の調達のための廃品回収といった活動をカッポウ着姿で行う既婚女性の戦争協力のイメージとして定着した。[1]

これ以前からあった女性の戦争協力のための組織は、一九〇一年に結成された愛国婦人会である。こちらは地域の名士夫人しか参加することができないようなエリート組織であった。高額な入会金や会費も必要で、看護師の支援や戦争で夫を亡くした女性の授産活動など、慈善的な性格が強い活動を行っていた。[2] 国防婦人会の女性たちが着用していた「真っ白なカッポウ着」も、当時は真っ白な洋服地が高価だったこともあり、いわば晴れ着であり庶民女性が誰でも着用して活動できるような服装ではない。[3] しかしながら、「誰でも」参加できる女性の組織として強烈なリクルート活動を行い、組織を急速に拡大したこともあり、和服にカッポウ着という国防婦人会の女性たちの姿は、一般の女性、特に既婚女性による戦争協力のシンボリックなイメージとして、日中戦争が始まる前には広く認められるようになっていた。モンペ姿で防空演習に参加する女性というのは、このカッポウ着姿の次に登場した女性たちの戦争

割烹着に白襷姿
國家總動員の母胎
「國防婦人操典」成る

図5-1　国防婦人会のカッポウ着姿
（『読売新聞』1934年5月8日）

協力のイメージであった。

称揚された地方女性のモンペ姿

一九三七年に防空法が制定され、一九三八年以降は都市部でも町内会や隣組を中心に防空演習が組織されるようになった。この際、女性たちがモンペをはいて参加するようになったため、女性の戦時協力を示すシンボルとしてモンペ姿が注目されるようになった。[4] バケツリレーをしたり、梯子を上り下りする女性たちの活動的な姿が盛んに写真に撮られ、新聞などで報道された。東京の新聞を見ると、この時点では東京ローカルなニュースとして扱われており、身近な女性たちの活躍を伝える記事となっている。例えば「女性軍　消火ぶり鮮やか　きのう麴町内幸町有楽町防火班の活躍」という『朝日新聞』一九三八年八月七日の写真記事では、「出火の合図と共に襷も凜々しいモンペ姿の娘さん、地下足袋のお婆さんら五十名余の班員がバケツを運ぶやら梯子をかけて二階に水をぶっかけるやら鮮やかな消火ぶり」と伝えている。しかしながら、このような若い女性の防火演習への参加は長く続かなかったようで、第3章で見たように、一九三九年には識者や専門家は都市部でのモンペの流行は終わったと考えていた。また実際に、都市在住の若い女性のモンペ姿での活動を報じる記事も、この時期以降は「防空服装日」が設定される一九四三年まではほとんどなくなっている。

都会の若い女性のモンペ姿が新聞に登場しなくなるのと入れ替わるように、この時期以降は地方や農村の女性たちのモンペ姿が多く登場するようになった。例えば、一九四〇年には紀元二千六百年記念行事として令旨奉戴二十周年記念全国連合女子青年団大会が一一月二一日から三日間、芝増上寺で開催されたが、彼女たちの様子は「全国銃後の乙女二千名が紺のモンペに白足袋、下駄ばきのいでたち甲斐甲斐しく朝から会場に集まった」と伝えられ、また女性たちが整列した写真にも「女子青年団の颯爽たるモンペ姿」という説明がついている（図5-2）。東京にも女子青年団はあり、当然団員は参加していたはずだが、「モンペ姿」として紹介されるのは「全国銃後の乙女」である。翌日は「モンペに草鞋姿」で芝公園を行進し、その後「制服モンペ姿颯爽と銃後の女軍は市中を行進して宮城に向った」と伝えられ、芝公園でのモンペ姿の女性たちが撮影されている。婦人雑誌でも、「農業報国にいそしむ健気な女性群　大分県長洲高女カメラ訪問」（『婦人倶楽部』一九三九年）など、地方在住の女学校生や女子青年団員のモンペ姿の報国的な活動を報じる傾向が強まった。

女青大會 第二日
モンペに草鞋姿
銃後娘・颯爽の行進

図5-2　モンペ姿の女子青年団を称揚する記事（『読売新聞』1940年11月23日）

つまり、最初は都市の女性たちの戦争協力を示すシンボリックな姿として報道されていたモンペ姿が、次第に地方、特に農村の女性たちの姿に置き換わっていった。そして、農村の女性たちのモンペ姿が、「報国的」で「正しい」姿として表象され

図5－3　大政翼賛会標語「化粧美より健康美」（『朝日新聞』1941年1月20日）

るようになっていく。例えば一九四一年一月から二月にかけて『朝日新聞』で連載された、地方の婦人会や女子青年団の取材記事では、「標語さながら　地方女性の姿」というタイトルでモンペ姿で活動する農村の女性たちの姿が紹介されている。地方の女性組織がいかに「標語」通りの翼賛的な活動を行っているかを報じるものである。一月二〇日の栃木県寺尾村女子青年団の取材記事は、大政翼賛会の「化粧美より健康美」という標語のように寒中を化粧もせず、野良着で働く若い女性たちの様子を、モンペ姿の写真とともに伝えている（図5－3）。「踏みしめよ、日本の土だ生産だ」「火事は敵だ、家ごとに護れ」「言うな贅沢、食うな贅沢」「粗衣を着よ、誇りの繕い」といった「標語」通りの活動を、地方の婦人団体の女性たちがモンペ姿で実践している姿が毎日の記事で紹介された。

このような地方女性の報国的な活動を紹介する記事は、新聞だけではなく、総動員体制が強化され翼賛色が強まった婦人雑誌でも掲載されるようになった。都市部の若い女性たちが地域活動へ参加しなくなる中で、モンペのイメージで伝えられるのは新聞でも婦人雑誌でも地方の女性たちの活動のみになった。そして、大政翼賛会が発足する一九四〇年後半以降、「標語」を具現化し体制に恭順を示す象徴として、地方の女子青年団や婦人会の活動が、よりはっきりと称揚されるようになる。女性たちのモンペ姿は、地方女性の体制への恭順を示すシンボリックなイメージとなっていった。

もてはやされた流行スタイル

男性がいなくなった農村で、モンペをはいて労働を担う女性たちの姿は、確かに戦時中、模範的な女性像として、新聞や婦人雑誌に頻繁に掲載されていた。しかしながら、メディアに登場する女性イメージは、このような体制的なメッセージを体現するモンペ姿の地方女性たちだけではなかった。むしろ、地方女性のモンペ姿のイメージは、都市的な洋装の女性たちのイメージに取り囲まれていた。日中戦争が始まり総動員体制が敷かれる一九三〇年代後半は、これまで見たようにパーマネントをかける女性が増え、また女性洋装に関する記事が激増する時期でもあった。

一九三七年八月の『読売新聞』写真記事では「秋のモードもだんぜん！　軍国調　非常時局に合致するよう意匠芸術家が考案」と題され、デザイナーの吉田謙吉による「ミリタリモード」の赤と白のスカートスーツを紹介している。[6] また同年一一月の『読売新聞』では「非常時女性の街頭風景　流行界にも革命　模倣を駆逐して日本独特の軍国調」という写真記事で、三越のデザイナー島村フサノがデザインした、金モールを配したミリタリーテイストのスカートスーツを紹介している。[7] 記事では「パリやニューヨークを無視して、日本独特の流行軍国調《ミリタリモード》が出現しはじめました」と紹介しているが、パリやニューヨークの流行を「無視」したものではなかったであろう。ロングスカートのエレガントな洋装である（図5－4）。

図5－4　三越デザイナーの島村フサノによる「悍馬（かんば）を駆使する颯爽たる騎兵の軍服にヒントを得たツーピース・ドレス」（『読売新聞』1937年11月8日）

その後、このようなデパートの広告が奢侈排斥の風潮の中で激減した一九四〇年前後にも、先に見たような「更生洋裁」として洋服の「作り方」を教える記事で、流行は紹介され続けた。先の三越の記事で言及があったように、パリやニューヨークと対抗するような洋装は明らかに「華やか」であり、「贅沢」であった。しかし、「更生」＝古着の再利用という枠組みを提示することで、女性洋装の「流行」や「スタイル」は維持しつつ、「奢侈」「華美」というイメージ的な連想は切り離すことができたのである。

その結果、『読売新聞』一九四一年七月二三日の「前スカートを替え　時代遅れの服を更生」と題された記事のように、女性洋装に流行があること、ファッショナブルとみなされるスタイルは変化することを前提としながら、流行をいかに古着の再利用で再現するかを、紙面で紹介することが可能になった。「華美」な洋装は排撃されるが、美的な基準となる女性洋装という存在は、一九三〇年代半ばから四〇年前後の新聞記事において、むしろ定着していく。

そして、美しい流行の女性洋装とは、ワンピースやブラウス＋スカート、ジャケット＋スカートなどのスカート型の洋装であった。

「報国的」だが「到底無理」なモンペ

このように戦時期にはスカート姿の洋装が女性のおしゃれ、美しさの一つの基準とみなされるようになった。スカートは前がはだける和服よりは格段に活動しやすい服装であったが、空襲を想定した防火訓練や防空演習などが行われるようになり、スカートに火が燃え移ることが懸念されるようになった。このため、モンペとズボンが選択肢としてメディアなどで提示されるようになる。もともとモンペもズボンも「足が出る」（和服と比べ、足のラインがわかることと思われる）として男性には非常に評判が悪い服装であった。[8] 一九三〇年代後半の都市部で若い女性たちの間にモンペがブームとなった際に、「反対したのはほとんど男の方」であり、「私の知っている教授で、もんぺをはけば奥さんを離縁する」と言った人さえいたと、和裁家の藤田とらは一九四三年に『婦人画報』で語っている。[9] しかし、メディアがモンペで防空演習などに参加する女性たちを非常に好意的に描いたこともあり、モンペはこの時期に「報国的」な活動と強く結びつけられるようになった。

一方、この時期にメディアで大活躍するようになった洋裁専門家たちがこぞって推奨したのは「ズボン」であった。長い和服の上から着ることを想定しているモンペは、腰回りに布が溜まり、見苦しくなる。これに対し、ブラウスの下にズボンを着るという洋服姿は、腰回りがすっきりして姿が良いとされた。伊東茂平はモンペとズボンの違いを次のように説明している。

もんぺとズボンでは、ズボンは体形裁ち、もんぺは直線裁ちといえますが、恰好よく機能的にと考えて身体に合わせて行くと結局ズボンになってしまう。[10]

ズボンは洋服なので体形に合わせて立体的に布を縫い合わせていくが、モンペは和服なので直線的に縫い合わせる。当然ながらモンペでは全体的に布が下半身周りでだぶつく印象になるのである。

一九三九年頃にはすでに若い女性たちの防空演習などへの参加は少なくなり、また彼女たちがモンペ姿で出歩くこともなくなった。この状況を見て、洋裁専門家や批評家は、「モンペの不格好さ」が若い女性たちが国策的な地域活動に参加しない「原因」であると議論するようになった。このため、戦時期に洋裁家たちは活動的な服装として盛んに「ズボン」や、「ズボン型のモンペ」の作り方を紹介するようになったのである。

地方のモンペ姿の女性たちの活動や、地方から都市部へ勤労奉仕や女子青年団の大会のために出てきた女性たちの姿を、「報国的」として賞賛する一方で、「不格好」なモンペの改良法や、「モンペではなくズボン」の作り方を紹介する記事が盛んに掲載されていたのがこの時代だった。「正しさ」と「美しさ」という異なる基準で、「正しい」と同時に「不格好」と、モンペ姿は形容されていたのである。

このような矛盾したモンペの位置付けは、女性だけを読者と想定する婦人雑誌では非常にあからさまであった。確かに、戦時期を通して婦人雑誌にも国策的な記事が増え、モンペ姿の女性たちによる国策に沿った活動を報じる写真記事も掲載されていた。しかし、一九三〇年代後半の『婦人倶楽部』『婦人画報』などの婦人雑誌ではまだ、三越などの高級な和装や最新スタイルの洋装が紹介されており、流行グラビアが多数掲載されていた。このようなファッションページが多数ある中に、地方の女子青年団に関する記事がモンペ姿の写真入りで数ページ掲載されていたのである。

例えば当時一〇〇万部の売り上げを誇った講談社の『婦人倶楽部』一九三八年四月号の「銃後を守る地方女子青年団の活躍を見る」という記事では、茨城県真壁郡五所村女子青年団と埼玉県秩父郡樋口村女子青年団が取材されている。鍬を担いで行進したり、等間隔に並んで鍬で畑を耕したりする女性たちのモンペ姿が撮影されているが、その隣のページでは、白人女性モデルの顔をアップにした白粉《おしろい》の広告（「ナルビー」という鈴木福次郎商店の水白粉や粉白粉のシリーズ）が一面を占めている（図5-5）。

先にも触れた一九三九年の『婦人倶楽部』「農業報国にいそしむ健気な女性群　大分県長洲高女カメラ訪問」では、キュロットスカートの裾を膝上で絞ったようなブルーマー姿の女性たちが行進する写真や、モンペ姿で精米をする女性たちの写真が載っている。しかし、この号の表紙は

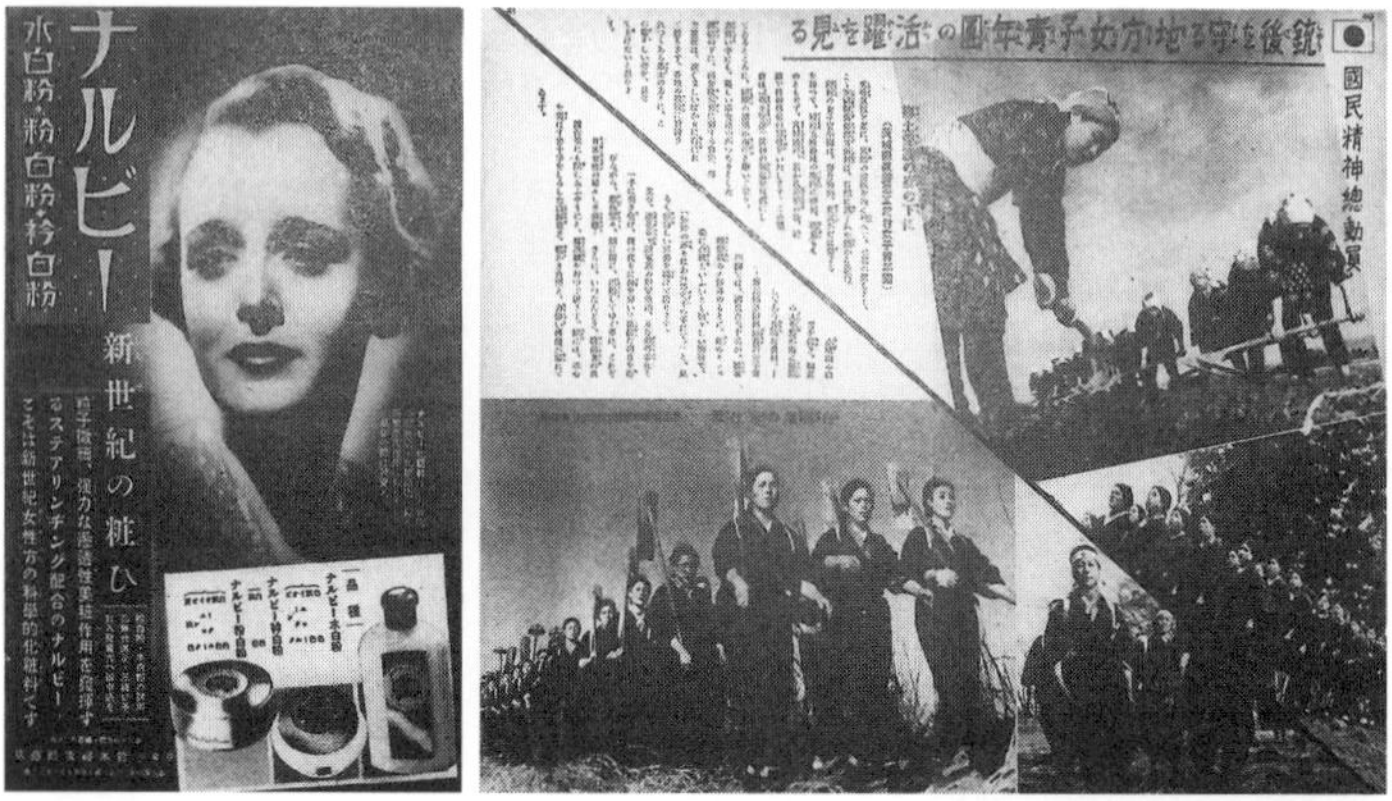

（上）図5－5　同じ号に掲載された女子青年団の記事と白粉の広告（『婦人倶楽部』1938年4月号）
（下）図5－6　華やかな化粧で洋装した女性が表紙の『婦人倶楽部』（1939年4月号）

華やかな化粧をした洋装の女性である（図5－6）。「報国的」なモンペ姿の地方の若い女性たちと、婦人雑誌が雑誌の美的なイメージとして提示するモダンな女性像の間には著しい開きがあり、それは雑誌全体として眺めた場合、はっきりと可視化されていた。

　地方の女性たちのモンペ姿が報国的な「正しさ」を表すものとして提示される一方、モンペ姿を美的な観点から相対化する視点もメディアの中に存在していた。女性洋装の美しさを提示しようとする視点である。このような立場からすると、モンペは報国的な活動にはふさわしくても「不格好」であり、「都会の若い女性には到底無理」な服装であった。

この、都会的流行（＝不道徳）と農村的「正しさ」という対比は、洋裁家やメディアだけが持っていたのではなく、当時の社会を理解するための基本的な枠組みの一つとして利用されていた。例えば、総動員に関する座談会で、今和次郎はパーマネントの流行に関してもこの都会と農村という対比を持ちだしている。彼によると、総動員体制の中で都会の女性はパーマネントをやめるべきで、その理由を「パーマネントは、女性が農村にいる間はどうしてもかけてもらうことはできない」からだと述べている。都会と農村の流行の差が女性の間の断絶を生み出し、女性の国民統合の妨げになるというのである。[11] メディアは総じて、都会の女性向けの流行と、農村でモンペで活動する女性たちを、まったく異なったものとして表象していた。都会の女性向けの流行はファッションとして、おしゃれや流行美とカテゴリー化され、農村の女性たちのモンペ姿は国策協力的な「戦時に相応しい」、「正しい」姿、「凛々しさ」として位置付けられていた。

では、そのような流行やモンペを、当の若い女性たちはどのように見ていたのであろうか。

2　都会の女性たちの「冷い眼」

「今まで仲間外れをしていた」

一九四二年一一月一七日の『読売新聞』には「冷い眼でみる都会の女性　報国隊に敬意を持

て」という記事が掲載されている。厚生省動員課の職員の談話として、長野県の女学校卒業生で編成された勤労報国隊が東京の印刷工場で働いて大変な成果を上げたこと、この隊は編成命令が出される前に自発的に編成されたもので、「全国的に大変好成績」であることを伝えた後、「都会の女性」の問題を以下のように述べている。

都会の女性にお願いしたいこと——それは地方から来る勤労報国隊員にもっと親切と敬意を表して貰いたいのです。モンペに〝勤労報国隊〟の腕章をつけて駅へ降りたった隊員を冷ややかな物珍しげな眼でみたり、また映画見物にきれいに着飾った娘たちが長い行列をつくっているということを帰郷後の座談会で報国隊員の口からしばしば聞きます。

このようにモンペ姿の報国隊員が「冷ややかな物珍しげな眼」で見られたというのは、「きれいに着飾った娘たち」が行列を作って映画を待つ姿を見て、自分たちのモンペ姿が恥ずかしくなった若い女性たちのただの被害妄想とは言い切れないようである。例えば序章でも紹介したとおり、一九四三年四月号の『婦人画報』には、文化学院の女学生たちが陸軍東京経理部に勤労奉仕に行った体験談を語る座談会が掲載されているが、座談会に出席した一一人の女性たちは皆パーマをかけた洋装で写真に写っている（図序－3）。座談会では、婦人画報社の則武亀三郎が司会として、女学生たちに「勤労奉仕をする人達」をどう見ていたか質問している。[12]

則武　皆さんは初めての勤労奉仕だそうですが、それより以前に宮城外苑や区役所などで勤労奉仕をしている人達をご覧になったと思いますが、その時にその人達をどう思っていたか、いま、自ら勤労奉仕をなすって後にどう思われたか、そこに何か差異が感じられませんでしたか……。

鈴木　そこなの！　ほんとうなの、前には勤労奉仕をしていられる人達を、違った世界の人達というのでしょうか……そんな風な眼で見ていました。自分でやってみて、感激と親しみを覚えるようになりました。

幸田　仲間入りをしたという気持ちね。

小北　今まで仲間外れをしていたのに、一ぺんに同志になったんですもの。

式場　以前は含羞んでいたのよ、きっと、自分でやってみて、ある一つの線―溝ね、溝を突破したように思った。（後略）

春田　勤労奉仕を嫌がっている人があれば、この喜びを伝えてあげたいと思いますわ。

則武の「勤労奉仕をする人達」をどのように見ていたのかという質問に対し、鈴木は「違った世界の人達」と見ていたと答え、他の文化学院の学生たちも共感している。小北は素直に「今まで仲間外れをしていた」とまで述べている。式場は「以前は含羞んでいた」と自分たちの態度を良く見せようとしているが、春田はまた「勤労奉仕を嫌がっている人があれば」と述べ、以前の自分たちが勤労奉仕を嫌がっていたことを素直に認めている。

座談会自体は、タイトル通り「陸軍東京経理部へ勤労奉仕した感激」を語り合うものとなっているが、彼女たちの「感激」はそれ以前の「勤労奉仕をしていられる人達を、違った世界の人達」と感じるような感覚が覆されたことによる「感激」なのである。すなわち、一九四二年の『読売新聞』の記事で厚生省の職員が心配していたような、都会の女性たちがモンペ姿で地方から出てくる勤労報国隊員に対して「冷い眼」を向けていたというのは、実際に起きていた可能性が高い。この座談会から言えるのは、彼女たちが「勤労奉仕を嫌がる」だけではなく、勤労奉仕に参加するモンペ姿の女性たちを「違った世界の人達」と見る視線、そして「仲間外れ」をするような、見下すような視線で彼女たちを見ていたということだからである。

そして司会の則武も、都会の生活レベルの高い女性たちが勤労奉仕をどのように見ているかを知っているからこそ、このような質問をしたのだろう。婦人画報社の肝いりで勤労奉仕をした文化学院の女学生たちは、「勤労奉仕をする人達」の「同志」になった気持ちになった。しかし、都市部の生活レベルが比較的高い若い女性たちの多くは、この一九四三年の時点ではまだ勤労奉仕もせず、「冷い眼」のままであったと思われる。

都会と農村は断絶していたか

では、地方の女性たちは都会の女性たちをどう見ていたのだろうか。メディアでは国策的な正しさを象徴するように扱われたモンペ姿の女性たちであるが、彼女たちの意見はさまざまであったようである。例えば『読売新聞』一九三九年一一月二七日に全国女子青年団の各県代表の座談会が掲載されており、「痩せて頼りない都会の女」というタイトルになっている。「痩せて頼りない」というのは、東京の女性を「健康」という国策的に称揚された基準から判断しているということである。戦時には優生思想が国家の保健衛生政策に強い影響力を及ぼしており、国のために「母」として「健康」な子供を産み育てることが女性の役割として最も重視された。[13] この座談会では、島多という石川県代表の女性が「みんなとても痩せていて頼りない感じですね。あれでは子供を生むのは大変でしょうし、母性としては見るからに頼りないと思いました」と述べ、「母性」という観点から東京の女性たちを批評している。「母性」という言葉は、この時期の優生思想的な議論において頻繁に使われた用語である。

しかしながら、このように「健康」という国策的な観点から東京の女性たちを論じているのは島多のみで、他の出席者は東京の女性たちが「美しい」かどうかという点に集中している。特に彼女たちの興味を引いたのは、総動員体制の中で極端にバッシングされたパーマネントである。茨城県代表の諸星は、「東京に来て見て知ったのですが、都会の街で見る女性は大ていアイロンやパーマネントで縮らしているようですけど、せっかく立派な黒髪があれでは台なしになりはしないでしょうか」と疑問を述べている。興味深いことに、彼女はパーマネントについて意見を述べているが、当時パーマネントを排撃する際に使われた「奢侈的」「華美」「享楽的」などのステレオタイプな批判を繰り返しているわけではない。むしろ、ずっと単純に「縮らせた髪」とそのままの「黒髪」を「美しさ」という観点から比較していると言えるだろう。この「黒髪」の良さを主張する諸星に対し、パーマネントを擁護する意見も出る。

飯野（栃木）　パーマネントがいけないとよくきかされますが、私たちでもあれがいけないとは思いません。キチンとさえしていれば見苦しいものではありませんし、それにほんとに便利なものでしょうから、パーマネントくらいを悪く言うことはないでしょう。

本田（東京）　ほんとですわ、パーマネントが西洋かぶれでいけないなら、日本髪だって今の世の中には似合いませんわ。私は何だって自分に似合って、あまり派手でなく、娘らしい落ち着きといいますか、つつましさのあるものならそれでいいと思います。

東京出身の本田がパーマネントを擁護するのは驚かないとしても、栃木代表の飯野もパーマネントを擁護しているのである。「雀の巣」など当時散々な悪口をぶつけられたパーマネントの髪形であるが、飯野は「キチンとさえしていれば見苦しいものではありませんし」と控えめながら美的な観点からも擁護している。また「黒髪」というのは、当時のコンテクストの中では本田が言う「日本髪」を連想するものであった。当時は長い髪は結い上げるのが普通であったが、日本髪はもう時代錯誤になっていると本田は指摘している。そして、「自分に似合って、あまり派手で」ないものなら、パーマネントでも何でもよいと主張するのである。パーマネントが「時局的に相応しいかどうか」という観点ではなく、「自分に似合う」かどうかを基準にするとの宣言といってよい。

彼女たちの関心は髪形だけではなく、女性たちの姿にも向かっている。

高[redacted]〔読み取れず〕（宮崎）　東京の人はもっともっときれいだと思っていましたけど、こんどはじめて見て大したことはないと思い直しました。

伊藤（秋田）　でも、やはり姿はなかなかよいですわ。

諸星（茨城）　和服の方でも洋装の方でも姿勢のいいのには本当に感心しました。

滝沢（長野）　それは確かにそうですが、でも農村の女は農作やそのほかの労働のせいで、姿勢がよくなくなっているので、ひとつにはそういう労働をしないからではないでしょうか。

伊藤、諸星、滝沢が言うように女性の美しさが背筋が伸びた「姿勢」にあるというのは、実は当時の洋裁家など女性ファッション関係者が主張していた点でもあった。『読売新聞』一九三九年六月一六日の「街頭得点表」という記事では、スカートとジャケットのスーツ姿の女性が歩く様子が写真に撮影され、それをアメリカ帰りの美術評論家である中川喜久太が批評している。彼

図5－7　女性の姿勢を批評する記事
（『読売新聞』1939年6月16日）

は写真の女性の姿勢の悪さが「心理的な陰影」のためと考えられると前置きしながらも、「それかといってこれは好い姿勢ではない」と断定している（図5－7）。彼によると、「好い姿勢」とは以下のようなものである。

　歩くとき視線は必ず二十尺くらい前方にむけられねばならないのだ。そうするにはもっと胸を反らさなければならない。そうすれば首も自然と真直ぐになる。ハンドバッグのもち方には難がない。しかしスカートの裾の線は鋏で切ったようにピチンとしなければやっぱりいけないのだ。

当時の洋裁家や洋行帰りの知識人など西洋人の洋装を見慣れていた人たちは、日本の女性の洋装姿の「姿勢」を問題にした。堂ビル洋裁学院校長の平川芳太郎も「日本婦人の姿勢は何故に洋装に適せぬか」と問題提起し、[14] また伊東茂平は戦後になっても洋服を着るための「姿勢の問題」を議論している。[15] 婦人標準服でスカート丈を問題にした文化服装学院理事長の遠藤政次郎も、スカート丈を短くすることの効用として「姿勢がよくなる」ことを挙げている。[16]

実際には、この時期の国策的な論調、特に子供を産むという「母」としての女性の役割の称揚や女性の労働参加を求める風潮の中で、女性の「体位の向上」は国家的命題ともなっており、日本人女性の「姿勢の悪さ」は「体位の向上」を阻む原因の一つとみなされていた。政府としても、「健康美」や、一九四〇年代になると「翼賛美人」などの言葉で、国策的な「体位の向上」の問題を女性たちが受け入れ可能な「美」という基準に結びつけようと宣伝していた。しかしながらここで洋裁家たちが問題にしているのは、単なる「体位の向上」や「体力の増強」ではなく、「洋装美」を可能にするための姿勢の問題である。

女子青年団の代表たちの座談会が面白いのは、国策的な「健康美」ではなく、「洋装美」の基準を参照している人が複数存在するという点である。「痩せて頼りない」という「健康美」の基準から都会の女性たちを否定的に見るのは、先に述べたように石川代表の島多のみである。諸星や伊藤の「都会の女性たちは和服も洋装も姿勢がいい」というのは、農村や地方の女性と比較すると「痩せて」いる都会の女性を「美しい」と見ているということであろう。「農村の女」を擁護している長野の滝沢ですら「それは確かにそうですが」と認め、「痩せて頼りない」ともみなされうる都会の女性が「姿がよい」という点には同意している。農村の女性たちのモンペ姿を国策的な「健康美」として称揚するメディアの基準には、同意していないのである。

さらに興味深いのは、この座談会の翌年の一九四〇年、栃木県の連合青年団の青年団長会議で、男子は「禁酒、禁煙、長髪、ワイシャツ禁止」、女子は「電髪〔パーマネント〕」、髪飾、紅白粉、指輪、ハイヒール禁止という徹底した生活刷新を決議」したという記事である。[17] 女子で禁止されている項目から推測すると、都市部の「派手な洋装」が栃木にも流れ込んでいるように思われる。青年会で「電髪」や「ハイヒール」を「禁止」しなければならなくなったということは、この東京的なファッションは栃木の女子青年団員の間で相当流行していたはずだからである。

都会と農村の文化の差は、当時の知識人などの議論では、ややもすると乗り越えることが不可能な断絶として捉えられがちだった。そして都会の女性たちの「個人主義」や「奢侈」を問題化する風潮の中で、モンペ姿の農村の女性たちは「報国的」な活動を行う見本としてメディアで称揚された。それに対する都会の女性たちの反応は、先に見たように冷淡な場合も多かったと思われる。しかしながら、地方の女性たち自身も、模範的な女性イメージを良いとは思っていなかった可能性があるのだ。模範的な活動をする女性として表彰されるために東京に出てきて、むしろ批判されている都会の女性の流行のおしゃれを持ち帰った女性たちもいたのではないか。模範的女性として称揚されることと、その賞賛を彼女たち自身がそのまま受け入れることは別問題であろう。地方の若い女性たちが勤労奉仕で国策に協力する模範として報じられていても、彼女たちが実際にそうした価値基準を内面化していたかどうかはわからない。そして、賞賛を内面化することを阻んだ要因の一つが、新しく共有されるようになっていた「洋装美」という基準であったと思われる。

3　実際、モンペは着用されていたのか

防空服装日の光景

洋裁家たちが「モンペは不格好なので都会の女性には流行しない」と主張していたことは何度も述べてきた。では、女性たちがモンペをはいていたとされてきた戦争末期において、実際のところモンペは着用されていたのだろうか。

地方も含め女学校では、一九三〇年代中頃までに洋装の制服が一般化した。ワンピース型とツーピース型があったようだが、ツーピース型の下衣のスカートをモンペに置き換えることが一九四二年頃から多く見られるようになったようである。とはいえ、一九四三年になっても東京では女学生のモンペ姿は「地方の現象」として見られていたようで、『読売新聞』一九四三年二月一六日の「風塵録」には「久しぶりに京都へ行って珍しく思ったもの」として「国民学校、女学校などの学生がすべてモンペをはき、また電車の女車掌がモンペをはいていた」ことを挙げている。この「風塵子」は「モンペはその形からして東北や信州などの寒い国に行われたと思われる」と述べており、京都での女学生のモンペ姿はいわゆる「田舎風」のモンペスタイルだったらしい（筆者も「昔京都の婦女がこのモンペをはいていたかどうかは疑問だ」と述べている）。

ただ、東京の女学生のモンペについては、このすぐ後から状況が変わってきたようだ。東京市

では三月一〇日の陸軍記念日に第一回の防空服装日が制定された。防空服装日とは、空襲に備えるために「防空服装」を着用する日であり、この三月時点では、これ以降一ヵ月に一度程度、市によって設定され、協力を呼びかけられるようになると伝えられている。[18] 防空服装という呼びかけは男性女性両方に行われたが、女性のスカートに火が燃え移ることは特に問題となっていた。女性は空襲の際の消火活動にも参加することが期待されており、「あのスカートのままでは火の傍によることもできない」と警視庁消防課長の竹内武は婦人防空服装に関する座談会で述べている。[19]

しかし、実際にどのような服装が女性向けの防空服装なのかという点については、やや迷走していた。前日の三月九日の『読売新聞』では、女性たちに対し「みんなモンペで」と東京市防衛局の西谷多喜男防務課長が呼びかけている。[20] しかしこの呼びかけが「非常な反響を呼び種々の質疑」が寄せられたため、市当局は自信を失ったのだろうか。翌日の『読売新聞』では「モンペと限らず防空の軽装」という見出しで、「女はモンペ姿というのは原則で必ずしもこの服装をしなければならぬというのではない」と大幅に譲歩している。[21]

女学校ではこの日に防空服装で対応したようで、西谷によると、女学生は「かなり徹底していました」という。[22] また四月に発令された空襲の警戒警報の際も、東京市防衛局防務掛長の市川洋によると「女学生は学校の指導によるのでしょうが、モンペ着用が多かったのは頼もしい限りでした」と述べている。[23] 学校は文部省の指導を直接受けているので、防空服装で対応しないという選択肢はなかったのだろう。

しかし女学生以外の女性たちは「まだまだ不徹底」だったようである。文化服装学院やドレスメーカー女学院などの学生たちは、防空服装日に実際どれだけの人々が防空服装を着用していたかを協力して調査した。『朝日新聞』に紹介されている文化服装学院の調査では、有楽町駅で朝八時半から九時半までの一時間、調査員の学生が日比谷側出入り口で待機した。六二〇〇人余りの「降車人員」のうち完全な防空服装は男性八一〇名、女性一六九名であった。男性のほうが母数が多いとしても、女性の防空服装者は少ない（この調査で男女それぞれの総数は示されていない）。女性でモンペをはいていたのは、「完全な防空服装」の中のわずか四、五名に過ぎず、しかも女性はハイヒールが非常に多かったという。[24]「完全な防空服装」の女性のほとんどはおそらくズボン姿であり、防空服装ではない大多数の女性がスカートとハイヒールの洋装であったと推測できる。

また、家庭の女性たちの服装もさまざまであったようである。三月の初めての防空服装日について、西谷は「女性の中にはモンペで歩くのは恥ずかしいといった気持ちを捨て切れない」人がいまだにおり、「当日一つしかないモンペを女学生の娘がはいて出かけたから今日は外出しないといったご婦人」もあったという。モンペをはきたくないのか、防空演習に参加したくないのか、いずれにしろ参加しないための口実であろう。

西谷は「回覧板でも廻したので、実を言えばもう少し協力してもらえると思っていました」とも述べており[25]、隣組など地域単位での参加にもばらつきがあり、中には参加率が非常に低いところもあったのであろう。「モンペで歩くのは恥ずかしい」という気持ちを持っていた女性たちも相当いたと思われる。

また四月の空襲警戒警報下での人々の服装について、前出の市川も「女子はもちろん男子の和服姿も相当あります」と述べ、「こんな人はぜひともモンペまたはズボンをはくか持って歩くかしてほしいもの」と呼びかけている。[26]同じ一九四三年四月に「防空とモンペとは今や日本婦人間に不可分関係」となって「モンペの急速なる普及は驚くべきもの」という武藤貞一のような観察[27]がある一方、東京市の防空担当者の実感はより否定的である。

このような状態は三ヵ月たった同年七月の防空訓練でも同じだったようである。『読売新聞』一九四三年七月一六日の「まだいる戦争傍観者――必ずつけよう防空服」という記事では、「ビル街の丸の内は銀行、会社の勤人ばかりなのでまず満点」と、問題視されていたサラリーマン層の服装がよくなっていることを紹介し、「東京駅前広場は巻脚絆とモンペに埋められて戦う都民の頼もしさをみせていた」と「勤人階級」の服装に変化があったことを伝えている。しかしながら銀座では状況がまったく違っていた。空襲警報下に早朝から商店関係者が防空訓練を行っている銀座では、「戸惑いしている白パナマの青年、カンカン帽の旦那、ハイヒールにスカートの有閑娘ら『戦争傍観者』が遺憾ながらちらりほらりと見えた」という。「銀座は男よりも女、それも電車で買出しにやってきた女性に傍観者が目立った」と言い、さらに日本橋通りでは「完全服装の者とぞろり着流しの傍観組が入り乱れて」おり、「白パナマの男やスカート一枚の女たちが防護団員に制されておずおずと待避して空を見上げている」という状況であった。

この記事では写真二枚が添えられており、「適切な例…丸の内にて」と「悪い例…背広や和服、スカートで待避する人達…日本橋にて」という説明がついている（図5－8）。防空訓練自体は宣伝されていたらしいが、それにもかかわらず、もしくはあまりにも無関心なので宣伝に気が付かず、銀座や日本橋に出てきているような人々も相当数いたということである。その中には「ハイヒールにスカート」の女性たちも多かった。すなわち、モンペが東京でも女学校などで強制されるようになる一方、全体としてみるとモンペをはいていない女性も多かったということがわかる。

まだゐる戦争傍観者
必ずつけよう防空服

図5－8　「まだいる戦争傍観者」（『読売新聞』1943年7月16日）

そして、この状況はこの後も大きく変化はなかったようである。これ以降の防空服装が指定された日にも主要駅で先の文化服装学院によるものと同様の調査が行われるが、一九四四年二月になっても、「早朝出勤者」はほとんどが防空服装であるのに対し、九時から一〇時になると「半分は適当でなかった」ような状況になっており、「真に働く人と無用の外出する人との時局に対する認識の相異」が大きいと指摘されている。[28]

一九四四年八月の訓練でも「電車、バスの乗降客、百貨店への出入者などはひどく、女子のごときは暑いためか簡単服〔ワンピース〕を着流しているのが多かった」と『読売新聞』では述べている。[29] 防空訓練など特別に設定された日でさえこのような状態なのであるから、日常生活で家にいる女性たちがすべてモンペをはいていたというのは、この一九四四年夏の時点ですら考えにくい。

モンペなのかズボンなのか

このように、一方では一般の女性たちにはモンペの防空服装はなかなか広がらず、洋装姿で買い物に出歩く女性たちが防空訓練の際にすら多く目撃される状況が続いていた。では、女学校など学校で「モンペ」を強制された場合、女性たちはどのような形のモンペをはいていたのだろうか。月に一度の防空服装が始まったのが一九四三年の三月だが、その二カ月後の五月には「一っぱいのしる粉」を飲むために防空服装の若い女性たちが銀座のあちこちで行列しており、しかもその服装は「さながら流行を競うが如き、いわゆる防空服装のおしゃれ」であり、防空という目的から大幅に外れていることを記者は指摘している。[30] 女学生たちは、いったいどのようなモンペをはいていたのだろうか。それはそもそも「モンペ」だったのだろうか。

ここに二枚の写真がある。一枚は一九三八年八月六日の『朝日新聞』で、「帝都の護りにモンペ部隊」という記事に添えられたもの、もう一枚は一九四三年五月九日の『読売新聞』に掲載された「担架運びも軽々と――お嬢さん部隊の防空救護訓練」というものである。一九三八年の写真は赤坂見附付近で行われた防火演習に参加した赤坂田町一丁目家庭防火団員の様子であり、写真には「煙を衝いてモンペお嬢さんの活躍」と説明が添えられている（図5－9）。一九四三年

帝都の護りにモンペ部隊

擔架運びも輕々と

お孃さん部隊の防空救護訓練

（左）図5－9　「帝都の護りにモンペ部隊」（『朝日新聞』1938年8月6日）
（右）図5－10　「お嬢さん部隊の防空救護訓練」（『読売新聞』1943年5月9日）

の写真は「商店街銀座四丁目町会のお嬢さんたち」で、近々行われる日本赤十字社主催の模範救護訓練に東京の隣組代表として参加するため、予備訓練を行っている様子を撮影したものである（図5－10）。こちらの写真も「モンペに脚絆鉄兜を背負った乙女たち二十名」と説明されているが、写真をよく見ると、一九三八年の「モンペ」と一九四三年の「モンペ」では様子が異なることがわかる。

　両者とも、上衣としてはブラウス型の洋服を着ているが、下衣を見ると、一九三八年の方は脇が開いて和服の上からはく形態のいわゆる「モンペ」である。腰から膨ら

んだふわっとしたシルエットで、かなり派手な和服地の生地を使っているようだ。これに対し一九四三年の写真は、軍服的で、腰のフィット感などから、「モンペ」というより「ズボン」ないしは「ズボン型モンペ」と呼ばれるものであろうと思われる。この違いは偶然なのだろうか。それとも、都市部の女性たちがはく「モンペ」の形には変化が起きていたのだろうか。

評判がよかったドレスメーカー女学院ユニフォーム

ドレスメーカー女学院は厚生省が主導した婦人標準服の制定には積極的ではなかったが、国策的な活動には積極的に関わっていた。一九四一年には勤労奉仕のために報国隊を結成し、赤羽の陸軍被服廠へ研究科以上の学生を全員送り込んでいる。この際に院長の杉野芳子は「ユニフォーム」を考案し、勤労報国隊の学生はそれを着用して省線で被服廠まで往復した。この「ユニフォーム」はズボン型であるが、杉野によると「上下コンビネーション型のワンピース形式」で「前はファスナーで衿元からズボンの所までを開閉」するようになっている（図5-11、12）。杉野はデザインや評判について以下のように述べている。

何かもっとスマートなデザインをと思いましたが、どのような労働にも進んで向かう気概を起させるような雄々しさ、りりしさを望んでデザイン致しましたので、果たして優しい感じの方にはどうかと心配致しましたが、不思議と誰にでも似合い、評判も大変に宜しいので喜んでおります。どうか皆様も非常時服としてお作りになることをお薦め致します。[31]

杉野がデザインの特徴を「労働にも進んで向かう気概」「雄々しさ、りりしさ」と述べているように、この上下つなぎのジャンプスーツのような「ユニフォーム」は、女性向けの洋装としてはかなり思い切ったデザインだったのは確かである。このユニフォームの重要な特徴は、後ろ姿であったと思われる。モンペの場合、長着の着物の上から着用するため、腰回り、特に臀部に布が溜まり、後姿が見苦しいという指摘がたびたび繰り返されてきた。これに対し、このユニフォームでは、「中に重ね着が十分できる」ゆとりを持っているが、「労働のために着崩れのしない」ように作られている。報国隊の行進姿などを後ろから撮影した写真も多く掲載されており、ズボンのすっきりとし

（左）図5－11　ユニフォーム姿の杉野芳子
（右）図5－12　ドレスメーカー女学院の報国隊結成式を伝える『D・M・J会誌』（1941年秋号）

た形を強調している（あくまでもモンペとの比較であるが）。

　このような男性的な「ユニフォーム」であるが、杉野は「不思議と誰にでも似合い、評判も大変に宜しい」と述べている。実際に次の『D・M・J会誌』（一九四二年春号）の「理事先生を囲んで　勤労奉仕を語る座談会」で、師範科の黒川妙子は「赤羽駅の花屋さんが、私達の帰りを待っていて、私にその団服〔ユニフォーム〕を作って頂けないでしょうか、実は毎朝皆さんの、その姿を見て、とても良いなアと思っていたものですからとおっしゃって」と述べている。黒川は「お細目に追われていて」無理だが、「もしお望みでしたら型紙を差し上げますから、他の店でお作りになってはいかがですか」と断ったという（これに対し、理事の杉野繁一は「不親切な人だなあと思ったでしょう」と花屋の女性の気持ちを慮っている）。また、同じく師範科の中條栄子も、朝早い省線に乗って通勤したときの様子を以下のように述べている。

> 職工さんが多くて中にはひやかす人もありましたが、インテリの方だと決してひやかすような事はなく、わざわざ傍へいらして、良い服ですねーちょっと見せて下さい等と言って、熱心に見て下さる人があったりして、なんだか尊敬の眼で見て頂いているような気がして、決して気のひける思いは致しませんでした。[32]

「インテリの方」というのは官吏や会社員等女性の洋装を見慣れている層の男性だと思われるが、

そのような男性たちは女性のジャンプスーツ姿に肯定的な興味を示していたという。これに対し、「職工さん」たちはどちらかというと「ひやかす」ような反応だったというので、男性の階層間で反応に違いがあったということかもしれない。

理事の杉野繁一も「卒業して地方へ帰ってから、あちらこちらでぜひ作ってくれと頼まれ」るという卒業生からの手紙を何通も受け取ったと述べているように、東京のような大都会ではなく、地方でもそれなりに受け入れられたケースがあったようである。また師範科の中條栄子は「うちの父もあれと同じのを作ってくれ」と言ってきたと述べている。男性が着用するのにもよいという、ユニセックス的な観点からも肯定的に評価されたようである（「インテリの方」が見に来たのも、自分が着用するイメージだったのかもしれない）。

しかしながら、このような肯定的な評価ばかりではなかった。座談会で杉野繁一は学生たちに、「私の友人達の会合の席」での話として、以下のように「友人」の意見を伝えている。

君〔杉野繁一〕の学校では生徒にユニフォームを着せているんだね。この間新宿のプラットフォームで腕にドレスメーカー女学院報国隊と書いた腕章をまいた生徒に会ったんだが、あの国防色の作業服を身につけて、別にはずかしそうな風もなく堂々と人中にまじって電車を待っていたが、顔を見るとまだほんの十八か九の妙齢の娘さんだったので、とても敬服してしまったよ。若い人達をよくもあんな風に、はずかしい気持ちを克服させるように仕込んだものだと感

図5－13　国旗掲揚塔を取り囲むドレスメーカー女学院の学生たち

心したね。[33]

杉野繁一の友人は、学生たちがユニフォームを電車に乗る際にも着用していたことを「敬服した」と肯定的に評価するが、その一方で「若い人達をよくもあんな風に、はずかしい気持ちを克服させるように仕込んだものだ」と、彼女たちが当然「はずかしい気持ち」であると考えている。学生はいかに評判が良かったか、ということを座談会で報告しているが、裏を返せば、ユニフォーム姿の自分たちが、周囲の目にどう映るかということに緊張していたからこそ、評判の良さに感激していたのであろう。座談会に出席するのはおそらく成績優秀で熱心な学生が多かったと思われるので、すべての学生が「はずかしい気持ち」を「克服」していたと考えるのは無理があるだろう。

ユニフォームはモンペ型ではなかったにせよ、ユニフォーム姿が注目を集めたというのは、地方から勤労奉仕で出て来たモンペ姿の女学生たちと似通った状況である。しかしドレスメーカー女学院では工場での勤労奉仕以外ではユニフォームを着用することはあまりなかったようである。工場での勤労奉仕の後、ドレスメーカー女学院は陸軍からさらに防寒マスクの製作を依頼される。その労賃で一九四二年に校庭に「国旗掲揚塔」を建てたことを記念して撮影した写真では、学生たちは皆ワンピース姿である（図5－13）。実際、ドレスメーカー女学院で学生たちが日常的にユニフォームを着用するのは、一九四三年一〇月に学院が「団服、ズボン、モンペ」などの着用を義務化してからである[34]（この時点では、「ユニフォーム」は敵性語として排除され、「団服」と呼ばれるようになっている）。労働服としての「ズボン」が「モンペ」よりスタイルとして優れている、という価値観が形成されつつある一方で、少なくとも防空服装日が始まる前の一九四一年秋の時点では、実際に人前でズボンスタイルになるのはまだ勇気がいるという状態だったようだ。

おしゃれな作業衣で挺身隊に動員？

一九四三年九月に「女子勤労動員ノ促進ニ関スル件」が次官会議で決定され、満一四歳以上、二五歳未満の未婚女性を挺身隊に組織して動員することとなった。貧しい層の女性たちはすでに工場や農村で働いているので、この「挺身隊」に組織されることになったのは、実質的には中流以上の女性たちであった。しかしながら、この「女子勤労挺身隊」は「自主的」に組織されるものだったので、動員率は高くなかったようである。

一九四四年の『婦人倶楽部』四月号には「女子挺身隊を預る職場指導員の座談会」という企画があり、横河電機製作所労務課長の細井静吾、中島飛行機厚生課長の生形節三、中央工業勤労課長の小泉淑夫の三人が、職場での女子挺身隊の状況について話している。「今日女子勤労挺身隊の結成が強く叫ばれて」いるにもかかわらず、「都市方面においては、その結成がはかばかしくない」ために、工場で挺身隊の指導に当たっている三人がその様子を紹介するために呼ばれたのだろう。

女学校などが卒業式の際に女子挺身隊を結成し、卒業後は挺身隊員として工場で働くことになっているにもかかわらず、「結成式をして入所するまでに約五割減っています」と生形は述べている。中島飛行機は東京に工場があったため、挺身隊を結成した学校も東京の学校だったと思われる。小泉によると、東京では指導所から挺身隊の勧誘に行くと、「一体強制するような法の根拠はあるかとか、応じなければどういう罰則があるかとか、いろいろ文句を言うお父さんやお母さんがあって、これには非常に悩まされている」という状況であった。「東京附近は悪くて、東北、北陸方面は非常によろしいようです」と細井は述べ、彼の勤める横河電機でも「ある地域から八十何名来るようになっていたのが、十何名しか来なかった」ことがあったという。このように、女子挺身隊への参加には東京周辺では若い女性たち自身も、また彼女たちの親も積極的ではない場合が多かった。

この座談会で興味深いのは、このように女子挺身隊の「入所率」が低いことが問題になる中で、「作業衣」に工場関係者が注目している点である。『婦人倶楽部』の記者が「今日は作業衣もなかなか大きな問題ですが、全部給与されるのですか」と質問したのに対し、横河電機の細井は「私の方では全部カーキー色の制服を着せていますが、型がよいので方々から参考に見に来られるくらいです」と答えている。先のドレスメーカー女学院の「ユニフォーム」で「国防色」と呼んで

図5－14　工場の模範作業服（『婦人倶楽部』1944年4月号）

いたのが「カーキー色」のことである。この時期すでに、「スカート」は空襲などの火災発生時に火が付いて危ないと言われており、作業衣は洋服型ならズボン型になっていたと思われる。

同じ号には「工場で実際に使用している模範作業服」という一種のグラビアページがあり、日立製作所戸塚工場と富士航空計器の作業服が写真入りで紹介されている（図5－14）。日立製作所の方は婦人標準服乙型（和服型）を基本に、上下二部式で下はモンペである（コテで前髪を膨らませたサザエさん的な髪形にも注目）。これに対し、富士航空計器の制服は洋服型で、「以前は国防色のワンピースを制服としていた」ということから、スカート型からズボン型に変更したのだろう（この女性は少し長めのボブだが、毛先にコテをあてて内側にくせをつけているようである）。「時代の要請にしたがって最近改良した」と変更の理由を述べている。ドレスメーカー女学院の「ユニフォーム」とは異なり、「一見、一部式のように見えますが、二部式になっていて、上衣は腰までの長さでズ

図5－15　おしゃれな女性工員が『婦人倶楽部』の表紙に（1944年7月号）

ボンの中へ入れます」と説明がある。上下つなぎ（一部式）だと、トイレなどで不便だったのだろう。横河電機で他の工場から見学に来るほど評判のよい「カーキー色の制服」というのも、富士航空計器と同様の洋服ズボン型の制服であったのではないかと推測される。

この一九四四年四月の『婦人倶楽部』では、先の座談会のほかに、模範作業服の写真を載せたり、また「大日本産業報国会推奨　古衣類の更生婦人作業衣兼用通勤服の作り方」では杉野芳子が型紙入りでドレスメーカー女学院のユニフォームと同じような「作業衣」の作り方を解説したりしている。ここで興味深いのは、若い中流以上の女性たちをリクルートすることが難しい中で、「作業衣」が注目され、わざわざ女子社員ないしは挺身隊員が着用した様子を写真で紹介までしている点である。これは一方では、「女性は外見にばかり興味を持つ」という編集部の偏見に基づいた特集であるとも考えられる。[35]

しかし、横河電機の細井が言うように方々から作業衣の見学に来るということは、工場労働に興味を持たない女性たちにアピールするための数少ない手段の一つとして、「おしゃれ」な工場制服が有効だと考えられ、それがある程度の効果をもたらしていたのだろう（図5－15）。そして、その際に選ばれていたのは、ドレスメーカー女学院の「ユニフォーム」と同じような洋装、上下カーキーのズボン型であった。

こうして見ると、先に見た一九三八年の「モンペお嬢さん」の写真（図5－9）と、一九四三年の救護訓練の「モンペに脚絆」（図5－10）の姿の間の変化は、やはりトレンドが和服型の「モンペ」から、洋服型のズボン（「モンペ」と呼ばれているが）へと変化したことを表しているのではないだろうか。

東京大空襲後の洋装

これまで見たように、一般の家庭の女性たちの間にはモンペはなかなか広がらなかった。空襲が頻繁になった一九四五年には女性たちはモンペをはくようになったが、一九四五年七月の東京では状況は変わっていた。若い女性の間で「真白な服装」や「紅色などの派手な服装」が流行しており、また「簡単着〔ワンピース〕に下駄」で出歩く主婦も多くなっていると警視庁防空課では問題視しているのである。[36] 若い女性には夏の服装として洋装が定着していたので、「真白」や「紅色」の服というのは洋装をしていたということだろう。警視庁は白や赤などの色は上空から見えやすいので、空襲の標的になりやすいと注意を促しているが、一九四五年の三月から五月にかけて大空襲を経験し、一〇万人以上の死者を出した東京では、服装に関する注意はこれまで以上に空疎に響いたかもしれない。

1 藤井忠俊『国防婦人会――日の丸とカッポウ着』岩波書店、一九八五年。
2 橋本理子「愛国婦人会による社会事業――新潟県支部の展開を中心に」『草の根福祉』四五号、二〇一五年、一―一四頁。藤井前掲書。
3 身崎とめこ「戦後女性の着衣・割烹着と白いエプロン」武田佐知子編『着衣する身体と女性の周縁化』思文閣出版、二〇一二年、三五八―三七五頁。
4 藤井前掲書。
5 『読売新聞』一九四〇年一一月二二日付。
6 『読売新聞』一九三七年八月三〇日付。
7 『読売新聞』一九三七年一一月八日付。
8 井上雅人『洋服と日本人――国民服というモード』廣済堂出版、二〇〇一年。
9 「座談会 服装維新 『キモノ』の新しい流行検討」『婦人画報』一九四三年六月号(通巻四七二号)、四八―五五頁。
10 前掲「座談会 服装維新」、五〇頁。
11 「事変下の風俗――どう変ったか?(4)」『朝日新聞』一九三九年七月一日付。
12 「座談会 陸軍東京経理部へ勤労奉仕した感激――文化学院生徒に聞く」『婦人画報』一九四三年四月号(通巻四七〇号)、八九―九一頁。
13 奥田和美「戦時下の性と家族」総合女性史研究会編『日本女性の歴史――性・愛・家族』角川書店、一九九二年、二〇九―二一八頁。近藤和子「女と戦争――母性/家族/国家」奥田曉子編『女と男の時空――10 近代(下)』藤原書店、二〇〇〇年、四八一―五一五頁。
14 平川芳太郎「日本婦人の姿勢と洋服」『家事と衛生』一一巻二号、一九三五年、四八―五〇頁。
15 「座談会 仕立屋からみたお客様」『私のきもの』三二号(一九五三年夏号)、六九―七三頁。
16 遠藤政次郎「婦人標準服の着丈に就いて」『服装文化』一九四二年九月号、六―七頁。

17 『読売新聞』一九四〇年八月一三日付。
18 『読売新聞』一九四三年三月九日付。
19 『読売新聞』「婦人防空服装座談会」一九四三年七月一五日付。
20 『読売新聞』一九四三年三月九日付。
21 『読売新聞』一九四三年三月一〇日付。三月一〇日の新聞でも「あす〝防空服装日〟の注意」となっているので、防空服装日に関する質問が多すぎるため、一日日延べになったのだろうか。『朝日新聞』でも「十日は〝防空服装日〟」という記事が三月七日に出ているので、予定では一〇日であったようである。当日に日程変更になったのかもしれない。防空服装日に日婦や女子青年団がモンペで行進した写真などは三月一一日『朝日新聞』夕刊に掲載されているが、記事では行進は三月一〇日であったと説明されている。実際の東京市民の防空服装日が何日であったのかについては、現時点ではやや不明である。
22 『読売新聞』一九四三年三月一六日付。
23 『読売新聞』一九四三年四月七日付。
24 『朝日新聞』一九四三年三月一一日付。
25 『読売新聞』一九四三年三月一六日付。
26 『読売新聞』一九四三年四月七日付。
27 『読売新聞』一九四三年四月一三日付「女子の服装」。
28 『朝日新聞』一九四四年二月一九日付。この記事では服装調査は警視庁が行っている。「防空服装日」はこの時点では「防空強化日」と呼ばれている。
29 『読売新聞』一九四四年八月二〇日付。
30 『読売新聞』一九四三年五月一四日付。
31 杉野芳子「報国隊ユニフォームのデザインについて」『D・M・J会誌』一九四一年秋号。グラビアページのため、頁表記なし。
32 『D・M・J会誌』一九四二年春号、一四頁。

33 『D・M・J会誌』一九四二年春号、一四頁。
34 『D・M・J会誌』一九四三年秋号。
35 実際、『婦人倶楽部』など、この時期の雑誌は女性の洋服の作り方ばかり特集しており、子供服の作り方は載せても、男性の服（ワイシャツなど）の作り方はほとんど掲載していない。実際にはこの時期（一九四二年以降）は洋品店なども「不要不急」の業種として「転業」を国から勧奨されており、男性服を作る洋裁職人も減っていた。しかしながら、あからさまな情報部からの介入があったような場合を除いては、この時期の婦人雑誌はあくまでも女性と子供の服の作り方しか紹介していない。
36 『読売新聞』一九四五年七月二四日付。

第6章　人々が守ったものは何だったのか

パーマネント批判への反論投稿

戦時期にはパーマネントは排斥され、またスカートなど女性の洋服姿も次第に問題視されるようになっていった。一九三七年に国民精神総動員中央連盟が立ち上げられて以降、戦時中は国家による「上から」の文化指導が続いた。美容業者、パーマネント機製造業者や洋裁学校長、洋品店経営者、デパート関係者など女性の洋装に関わる職業の人々が商業報国会、産業報国会などの組合を結成するよう要請され、それらの組合を内務省、厚生省、文部省などが指導するという構図が生まれた。美容業者は「戦時に相応しい」パーマネントの髪形を提案し、多くの洋裁学校長たちは婦人標準服のデザインの決定や普及のために奔走した。また、古着を再利用する「更生服」をドレスメーカー女学院長杉野芳子らは提案し、更生という言葉は女性が洋服作りをすることが「報国的」であると証明するキーワードとして、新聞や婦人雑誌の婦人服作り方記事において頻用された。女性洋装に関係するさまざまな業者は、自分たちの業態が「報国的」であると再定義し、国家の戦争遂行に対して協力的な姿勢を示すことで事業を守ろうとした。

戦時中にパーマネントや女性の洋服姿がなくならなかったのは、業者たちが国家に対し恭順の姿勢を示して事業継続を図ろうとしたことが大きいが、それと並行してパーマネントやおしゃれな洋装を求め続ける女性たちの存在があった。戦争末期の電力規制でパーマネント機の使用ができなくなった各都市において見られたのは、配給の木炭を持って美容院の前でパーマネントの順番待ちをする女性たちの姿であった。コテやカーラーを熱するためにはある程度の量の炭が必要だったため、一人の女性が十分な炭を持っていない場合は、数人の女性たちで炭を共有し髪にコテをあててもらった。女性客たちは、お互いに助け合うとともに、美容師たちが事業を継続できるようサポートしていたのである。女性たちが店に持ってくる木炭という熱源なしには、パーマをあてることはできなかった。女性たちが事業者に協力する姿勢は、木炭パーマの流行においてもっとも直接的な行動として示されたが、それだけではなかった。

パーマや洋装を守ろうとする女性たちは、消費行動を通じて業者を支えるだけでなく、意見を新聞などに投書することで積極的に擁護の論陣を張る場合もあった。一九三七年から三九年に、精動や各種婦人会は女性のパーマネントが「奢侈的」であるとして徹底的に批判を行い、新聞などのメディアでもパーマネント批判が繰り広げられた。新聞では、パーマネントや女性の派手な化粧、洋装姿を批判する読者からの意見文がたびたび掲載された。しかしながら、そのような批判に対し、反対する意見も掲載されたのである。

『読売新聞』一九三八年一月一七日の「読者眼」で、「日本橋生」という投稿者は「断髪諸嬢に告ぐ」として、パーマネント女性の氾濫を以下のように非難した。

濡れ羽色の黒髪、丈なす黒髪は、過去一千年来わが親たちが子供によせた悲願であり、信仰であった。そしてそれこそは日本民族の、殊に大和撫子の誇りであり、シンボルではなかったか。

然るに、いま、巷にはボッブド・ヘアー・パーマネント・ウェーヴの雀の巣のような頭をした若い女性が氾濫している、中にはわざわざ薬品で毛を赤くした婦人までが存在する、もしできるならば眼玉を碧くし、皮膚を白ちゃけたサメ肌にし、そしてああ！魂までも入れ替えかねぬ女たちであろうか。（中略）

幸いに当局にも美容院取締りと舶来風俗禁止の意向があるとき、街頭の断髪諸嬢も今こそ日本女性の黒髪の伝統に還れ、貴女がたには次の日本人を作る聖なる〝母〟の使命があるのだ。

この投稿は、「読者眼」に議論を巻き起こした。同年一月二一日には、女性の投稿者による「パーマネント讃」という反論が掲載されている。彼女は「断髪諸嬢に告ぐ」という投稿が「あまりにも日本女性の心理と、時代を無視した概念的な偏見ではないでしょうか」と述べた後、パーマネントについて以下のように説明している。

女性の断髪は世界大戦〔第一次世界大戦〕当時不潔排除の必要から生まれたとききます。パーマネントもまた、あらゆる部面に活動的となった近代女性の必要と便宜から生まれ、流行したものだと信じます。

私共職業婦人は、朝の早い出勤に、一々髪を結うことは大変です。一度パーマネントをかけておけば、まさか永久《パーマネント》でないまでも、二月や三月は髪の心配をしないですみます。（中略）

軽便で、能率的で、しかも女性らしさを失わない髪形があって、それに走ることが、なぜ親不孝になるのでしょう。男性がチョンマゲに裃の時代ならいざ知らず、女性へのみに黒髪の伝統を強要なさるのは、女性を玩弄物視した封建的男性の身勝手な趣味でしかありますまい。そんな男性は、〝対手《あいて》にせず〟と、黙殺するほかありません。パーマネントはもはや、有閑マダムの独占物ではありません。

銃後の女性は万事身軽に、颯爽と働きたいものです。

パーマネント批判をする男性を「女性を玩弄物視した封建的男性の身勝手な趣味」とこき下ろし、「そんな男性は、〝対手にせず〟と、黙殺する」と投稿者は述べている。『読売新聞』編集部は、「係付記」として、同様の趣旨の手紙がこれ以外に四人の男女から寄せられたと注を付けている。議論はさらに続き、編集部には「▽両者を客観的に批判し女性の自覚反省を促したもの六通▽パーマネント排撃論九通▽パーマネントもしくは断髪讃美論四通▽束髪もしくは適当な髪形を提唱したもの五通」が寄せられたという。[1]

精動が女性の活動として貯蓄や古物回収などの節約を称揚する中で、女性の「奢侈的」な消費は国の方針に反する活動として批判のターゲットとなった。もっともわかりやすい指標となったのがパーマネントであり、パーマネント批判に同調するような読者投稿は新聞で多く見られた。

しかしながら、パーマネントをかける女性たちはもちろん、パーマネントをよいと思う男性もおり、彼らはパーマネントを擁護する意見文を新聞に投稿した。時事的なニュースを伝えるページでは国、精動、婦人会などの方針が伝えられ、女性の「奢侈的」な消費に対する批判が頻繁に掲載されていた。しかしながら、掲載された意見文のごく一部とはいえ、パーマネントや洋装を擁護する女性や男性の意見も『読売新聞』の「読者眼」、『朝日新聞』の「女性の声」といった読者投稿欄には掲載されていた。「パーマネント排斥」は精動、大政翼賛会、婦人会などの方針として繰り返し強調されたが、それに反対する一般の人々も意見を投稿していた。そして、彼らの意見も読まれていた。

業者に共有された毛皮擁護論

女性の洋装に関する論戦は東京圏の新聞に限らず、全国のさまざまな場所で起きていたようである。そして、それらは一般の読者だけではなく、女性洋装に関わる業者にも読まれ、インパクトを与えていた。衣服用の毛皮の製造販売に関する業界誌『毛皮動物』の一九四二年三月号では、北海道の地元紙で展開された「銀狐毛皮是非論」を転載している。銀狐、ミンク、兎などの毛皮を使用したコート、ストール等の防寒衣類は、女性洋装が急激に広がった一九三〇年代後半に流行し始めた。こうした毛皮類は初期には輸入に頼っていたが、農林省が東北六県など冷害に苦しむ農村の副業として増殖奨励を行い、特に北海道では高級毛皮である銀狐やミンクの飼育が盛んになっており、農林省後援で日本養殖毛皮株式会社が一九三九年に設立されている。[2]

しかしながら、銀狐などの毛皮のコートは非常に高価であり、精動により早々に排撃対象に指定されてしまった。一九四〇年には奢侈品等製造販売制限規則も出されたため、生産を諦める業者も多く出始めた。これに対し、一九四一年の『毛皮動物』誌上では北海道大学教授で農学博士の犬飼哲夫が「毛皮が他の被服に比較して防寒的」であり、輸入に頼るのではなく「自給自足」を目指すべきだと主張するなど対抗する論陣を張ったり[3]、関係業者や北海道庁畜産課長などを招いて「銀狐毛皮の実用化座談会」を開催したりしている[4]。しかし、高級品は販売できず、海外輸出も思わしくなくなったため、「北海道と樺太の養狐業者約一万二千人が悲鳴を挙げてこの程生産者と業者の代表が農林省山林局管理課に陳情を申し込んだ」という[5]。『毛皮動物』主幹の落合三郎次は「軍部の了解と大陸向け消流〔消費〕の確実性」のために前途はまだ有望であると繰返し呼びかけているが、毛皮向け動物の養殖や加工を諦めて転業する人々が増加していたようである。

このように「奢侈品」として毛皮への批判が高まる中で、『毛皮動物』は一九四二年三月号に「是か非か　銀狐毛皮」という記事で『北海タイムス』から四通の読者投稿を転載している。まず一通目は「林生」という読者の「毛皮は贅沢か」という投稿である。林生は毛皮の保温性を強調した後、「冬季、男には毛皮の襟や胴着が許されて、女だけが一切の毛皮から遠慮しなければならぬ理由があるでしょうか。むしろ時局下女性の厚着による活動力低下や、家内で炬燵やストーブに噛り付いていることこそ反省され、改められなければならぬと思います」[6]と述べ、女性の毛皮のみが「奢侈的」とされる毛皮批判におけるジェンダー非対称性に焦点を当てて、女性の毛皮着用を擁護している。これに対し、「熊の子」と名乗る人物による「毛皮論是非」は、「銀狐をまとって『これこそ国策的服装』といくら呼号しても残念ながらそれは今時通用されないだろう」と述べる。熊の子は「かつて毛皮を巻いたあの気持ち」、すなわち銀狐がもたらす優越感や虚栄的な気持ちを女性たちは忘れることができないと考えている。これに対し、林生は再度反論するが、最後に「T子」という女性からの「毛皮と女性」という体験談が掲載されている。

> 狐を巻いた友達と一緒に電車に乗ったら、電車中の婦人達が白い眼でジロジロと友達を睨みつけました。私は狐を巻いた友達よりも、心の貧しさを露骨に顔に現した同性に対し悲しい思いをしました。
>
> 　停留所で降りようとしたら、そこにいた七、八人の中学生が「今時毛皮を巻いて馬鹿野郎！」と罵りました。私は友達を気の毒がるよりも、素直であるべき子供達が中年の女性に対しなぜこんなにもトゲトゲしいのだろうかと切ない気持ちでした。
>
> 　この私の友達は二人の息子を戦地に送り、しかもその一人をお国に捧げている遺族なのです。それは子供の母として当然のことですが、この友達が決して毛皮を着飾っているのでないことをなぜ知っていただけないかとつくづく思いました。[7]

「毛皮を巻いた」女性の「友達」という立場から書かれているこの手紙は、驚くほど素直に、毛皮を巻いた女性に対する周りの人々の態度を批判的に描いている。「白い眼でジロジロ」と毛皮の女性を睨んでいる「婦人達」や、「馬鹿野郎!」と罵る「トゲトゲしい」中学生の様子を描くことで、品性の低いのはむしろ「婦人達」や「中学生」であると控えめな口調ながらも指摘しているのである。「婦人達」は「心の貧しさを露骨に顔に現した」と描写し、また中学生たちは「素直であるべき子供達」なのに「中年の女性に対しなぜこんなにもトゲトゲしいのだろうか」とT子は悲しむ。第2章で紹介した職業婦人の女性たちは、大政翼賛会指導者との会合で、パーマネント批判をする男性たちを「新体制を履き違えている」と指摘していたが、T子も同様の意見である。毛皮を巻いた女性の友人であるT子も、銀狐批判をする側をむしろ「悪」とみなし、それを公言している。彼女は毛皮を巻いた友人女性の立場を共有して共感するだけではなく、彼女を「正しい」立場に位置付け（「着飾っているのでない」）、彼女の行為を正当化する。

そして重要なのは、これらの投稿が『北海タイムス』に掲載された後、『毛皮動物』に転載されているということである。『北海タイムス』読者の間で「銀狐毛皮の是非」が議論され、それが毛皮業者の専門誌である『毛皮動物』の編集者に読まれ、さらに『毛皮動物』の誌面を介して毛皮生産者や卸業者、加工業者などに伝えられたことになる。現在のように一般人が意見を発信したり共有したりすることが簡単でなかった時代に、新聞投稿は一般の人々の気持ちを伝える重要なメディアとなっていた。新聞には国策に沿った記事が並び、女性の奢侈に対する批判的な記事が連日掲載されていたが、編集者は読者欄の毛皮論を見逃さなかった。一般の人々の銀狐を擁護する投稿は、業界関係者にも読まれ、共有されることとなった。従来の「客」と「生産者」「製造業者」「加工業者」「販売者」などの立場の違いを超えて、「客」である女性たちが生産者たちの気持ちを代弁していると考えられたのである。

一九四五年にもパーマネント機を使っていた岩手の業者

このように、女性たちは単なる「消費者」ではなく、より積極的に自分たちの洋装文化を守ろうとする場合もあった。女性たちからの支持は、洋装に関わる業者たちの自信の源となっていた。『D・M・J会誌』では、ドレスメーカー女学院卒業生が近所の人に会誌を見せたことや、学校を開いた後に生徒たちが会誌を夢中になって読んでいることなどが、喜びとともにたびたび伝えられている。出身校に強くアイデンティファイしていた彼女たちは、会誌で紹介される数々の最新流行スタイルを参考にして洋裁を教えたり、仕立物をしたりしていた。したがって、彼女たちの客や生徒が会誌を賞賛してくれることは、彼女たち自身が支持されているのと同じこととして受け止められていたのである。

戦時を通じて国の方針が厳しくなり続けたため、美容院も、パーマネント機製造も、洋裁学校経営も、洋裁店も、女性洋装に関係した事業の継続は困難を極めた。洋裁学校は校舎を軍需転用されたり、学生を挺身隊で工場に動員されたりした。パーマネント機を回収された後の美容業者の一部は廃業を余儀なくされ、弟子たちは飛行機の製造工場に働くようになった。

しかしながら、女性客たちからの支持は、事業者に確かに自信を与えていた。岩手ではパーマネント業者が増えたため、一九三八年に盛岡電髪業者連盟が結成され、さらに一九四三年に県内一九業者で岩手県電髪業組合が結成された。[8] この岩手県電髪業組合では、一九四三年に婦人会と対決し「勝利」したと語り伝えられている。パーマネント業者が婦人会と対決する気になったのは、女性客が自分たちの味方だという自信があったからであろう。客が来ないのであれば、パーマ業を守る意味はないからである。

他の地方同様に岩手でもパーマネント排斥運動が盛んで、盛岡駅そばの開運橋で婦人会がパーマネント反対の活動を行い、「パーマをかけている人をみんな押さえ『不心得はやめましょう』と諫め」ていたと、当時組合の常任理事だった木下八千代は一九七一年の座談会で述べている。[9] 当時は新聞にも「恥じよ　電髪」という大きな見出しでパーマネント批判記事が書かれたようで、木下はこの新聞を「ちゃんとしまってある」と言っている。地方の業者にとって婦人会や新聞メディアを中心としたパーマネント攻撃がいかに苛烈であり、忘れがたいものであったかがわかる。

しかしながら、岩手の業者はこのような批判をただ受け入れているだけではなかった。お客が減って「生活ができない」状態になりつつあったため、組合では「対策を考え運動を始めた」という。木下は当時の「対策」を次のように語っている。

当時は私〔木下八千代〕は組合の常任理事、浜さん〔荒浜イマ〕が組合長でした。で市役所で開かれた婦人会の幹部さん百人ばかりの会合の席に、私が出ましてパーマネントの意味と利点を説明申し上げることになったんです。

まず、五人のモデルを用意しました。パーマをかけたほうは、できるだけ地味なウェーブとバンドール、あるいは内巻きとし、お鏝《こて》のほうは、うんと華やかに、私たちの言葉で言うデコレーション風にまとめておき――（中略）なんでも〝決戦型〟と言えば喜ばれるご時世でしょ。ですから婦人会のみなさんに、「どういう髪型がよいか、このモデルの中からご選定下さい」と持ちかけたんです。――これが狙いでしてね（笑）。

そうしたら、あれはいけない、いけないと指さされたのが華やかな髪型のほう。待っていましたとばかり、これがアイロン仕上げでございまして、みなさんからお賞めいただいたのがパーマネント。これこそ経済的で、衛生的でしかも活動的なのです。と申し上げましたら、それならいい、ということになりまして、組合の方々も、よかった、明日からはお客さんが来ると喜ばれましてねえ……。

パーマネントをかけて「雀の巣」になるというのは、かけた後にセットをきちんとしていないからだった。パーマをかけてきちんとセットをした場合、パーマネント以前の洋髪技術である「鏝」（コテ、アイロン）を使用した場合と、仕上がりは変わらなかった。むしろ、作り方によってはコテを使った方が派手に作ることもできた。このことを証明するため、木下たち岩手県電髪業組合のメンバーは地味な髪形をパーマネントで作り、派手な髪形をコテで作って、一〇〇人も集まった婦人会幹部の女性たち自身に選ばせたのであった。目論見通り、婦人会は「決戦型」としてパーマネント機で作った髪形を選んだため、岩手の業者は堂々とパーマネント機を使えるようになったというのである。

木下の話には、一九四三年にパーマネントのような「不要不急」のサービスに課せられることになった「特別行為税」の話も出ているので、この出来事が四三年以降の話であるのは確実である。繰り返しになるが、一九四三年夏以降だと、そろそろ東京の組合は諦めムードになり、パーマネント機が使用できなくなった後の事業継続を模索し始める。同じ時期に、盛岡では電髪組合のメンバーが頭を使って婦人会を出し抜き、反撃していたのである。

その後、岩手でもパーマネント機は業者が「自主的」に回収することになり使用できなくなったというが、業者の回想を読むと一九四五年までは盛岡でも大船渡でもパーマネント機を使っていたようである。彼女たちの思い違いでなければ、東京とは違い、一九四五年の時点で盛岡では電力使用が認められ、またパーマネント機も回収されていなかったということになる。[10] 座談会に同席した千葉信子が木下に対して「あのときは、『殊勲甲』でございました。ほんとうに……」と賞賛しているように、彼女たちは婦人会を説得してパーマネント業を守ることに成功したのであった。このように批判を続ける婦人会やメディアに対して、組合として団結し、一矢報いた記憶が組合員には鮮明に残っている。地方の業者たちは、決して唯々諾々と国の方針に従っていたわけではないのだ。

メイ牛山の回想――疎開者と地方での流行

戦争中のパーマネント排撃は終戦まで続き、スカート姿の女性たちに対しては「米英的」として否定的な見方が強まった。しかしながらこれまで見たように、そうした見方を跳ね返す女性たちの動きも起きていた。第1章では、疎開者に影響されて、隣の「ハナちゃん」や近所の女性たちが「クラゲ頭」になってしまった話を紹介した。この疎開者による影響を伝えるエピソードは一九四五年六月に投稿されたものであるが、各地の美容師や洋裁師は疎開が行われる前から都市部の流行スタイルや技術を学び、女性客に伝えていた。したがって、パーマネント流行を疎開者のせいにするこの投稿者の理解は必ずしも正しくない可能性はあるものの、東京などの大都市から周辺部への疎開による大規模な人口の移動が、戦時中に起きていた流行の伝播にさらに拍車をかけたのは確かなようである。

しかしながら、都会の美容師や都会的な洋装の女性たちが、疎開先で簡単には受け入れられない場合もあった。当時農村では多くの男性が出征しており、女性たちが農作業を担っていたため、農作業もせず、子育てに専念している都会から来た女性たちは、農家の女性たちから冷たい視線が向けられることも多かった。[11]

戦前戦後を通じて美容業界で活躍したメイ牛山は、自伝『きれいな女になあれ』で一九四四年に疎開した先での出来事を回想している[12]。銀座のハリウッド美容室で働いていたメイ牛山はオーナーの牛山清人（ハリー牛山）と結婚し、清人の出身地である長野県諏訪に疎開した。彼女は自転車に乗ることができず、子供を連れて買い出しに行くのが大変だったため、当時は身体障がい者が使っていた三輪自転車を使うことにした（図6－1）。写真を見ると、大柄なチェックのブラウスに太いズボン、頭にはパーマネントをかけ、大きなリボンのついた帽子をかぶっている。彼女はもともと白人に間違われるような派手な目鼻立ちであったが、化粧をして顔立ちをよりはっきり際立たせているようである。このような姿で田舎を移動していると、彼女は女性に呼び止められた。

図6－1　疎開先のメイ牛山

> 疎開中の三年間に、二人の子どもを生んだわたしは、いつも大きなお腹をして、その三輪自転車に乗っていました。ところがあるとき、田舎道で、妊婦のわたしが三輪自転車を走らせていると、
> 「あなた、そんなことして、恥ずかしくないの？」
> と、婦人会の人に声をかけられたのです。ちなみに、戦時下には婦人会はよく集まって、ボランティアでいろ

いろな仕事をやっていました。しかし当時は「生めよふやせよ」の時代ですから、妊婦さんは優遇され、婦人会の仕事は免除されていました。だからわたしは、婦人会の集まりには行っていなかったのです。そこへもってきて、急にこういう声をかけられたものだから、

「え？　どうして恥ずかしいの？」

と思ったのです。その人の言っている意味がさっぱりわかりません。推察すると、東京からきた何もしてない妊婦が、身障者用の三輪車にのって、平気な顔でいるというのが、ご婦人たちの心証を害したのかもしれません。[13]

東京から来た都会的な洋装の女性たちはおそらくどの地方でもかなり目立っていただろうが、メイ牛山はその中でも飛び抜けて目立っていたと思われる。彼女は、「日本人は、人と違うことをするとき、他人からどう見られるかを、ずいぶん気にしますね。わざと人と違うことがやりにくい雰囲気をつくって、足のひっぱりあいをする人もいます[14]」と述べており、この「恥ずかしくないの？」という婦人会の女性からの質問は、「人と違うことがやりにくい雰囲気」を作る質問だと感じたようである。このように田舎で目立って浮いていることを自覚していたメイであったが、驚くような申し込みを受ける。

この疎開時代、ある人から、大きな料亭ホールを貸すから、美容学校を開きませんか、と勧

められました。どういう状況になっても、それなりに仕事はあるものだなぁと、そのとき思いました。わたしは大きなお腹を抱えて、教壇に立ちました。しかし田舎での開校にもかかわらず、生徒はたくさん集まりました。というのも、諏訪に疎開していた人の多くが、都会からきた人たちだったからです。そのときの第一期生の一人が、今〔一九九九年当時〕広島店の店長をしています。

そんな疎開時代を送るうちに終戦。その年（昭和二十年）に、夫は諏訪で化粧品製造を再開させました。[15]

この、終戦前に諏訪で頼まれて美容学校を開いたというエピソードは、あまりにも突飛に思われたためか、メイ牛山の伝記では戦後の出来事であると説明されている。[16]しかしながら、地方都市でも空襲の中でパーマをかけていたり、木炭パーマのために美容院で前日から泊まり込みをして順番待ちをしていた女性たちがいたことを考えると、終戦前にメイ牛山のように突出して都会的かつ西洋的な女性が料亭で美容講習会を開いたというのは十分ありえる話だと思われる。疎開してきた女性たちだけではなく、「ハナちゃん」のような地方の農家の女性たちまでもが、都会的なおしゃれを求めていたからである。

ドレスメーカー女学院の再開

終戦後、疎開先の山中湖から東京に引き揚げたドレスメーカー女学院長の杉野芳子によると、彼女の目黒の自宅は「焼け出された方たちが二階にも階下にも入り込んで、まさに収容所風景」となっていた。「お互いさまですからそれはよい」と考えた杉野は、とにかく食糧難の中でトウモロコシやサツマイモ、麦など、「焼跡を開墾」する計画を考え始めていた。そのようなときに、一人の生徒が彼女を訪ねて来る。

そんな段どり〔開墾の段取り〕を考えていると、まだ終戦から一週間あまりしかたっていないのに、

「学校はいつから始まるのでしょうか」

ひょっこり一人の生徒が訪ねてきたのです。主人と私は思わず顔を見合わせました。バイタリティーを失ったつもりはなくても、死の町同然の東京で、もはや学院が再建できるなど考えられず、半ばあきらめていた私たちには、とっさに答える言葉がありませんでした。

「どうか早く学校を始めてください。もう一度教えてください」

涙さえ浮かべて、立ちすくんでいるだけの私に、彼女は訴えるのでした。

その日はともかく「考えておくから」と帰ってもらいましたが、主人も私も激しく心をゆさぶられていました。

「あきらめてはいけない。再建しなければ――」

しかし、ミシンもない。校舎もない。材料もない。

そうするうちにも、やってくる生徒たちの数は日ごとに増えるばかりでした。（中略）

そのうち朝鮮や満州から引き揚げてきた卒業生たちまでやって来て、ドレメの再開をせきたてるのでした。若い人たちの勇気というか、エネルギーというか、結局、私たちは若い人の力と熱意と希望に手を取られ、立ち上がらせてもらったのです。[17]

戦争が終われば返却するという約束で接収された一八〇台あまりのミシンは結局戻らず、また電波兵器研究所に接収されていた夕陽ヶ丘寮は返還されたものの、間仕切り壁も机もなくなって、原状回復は程遠い状況だった。杉野の自宅と夕陽ヶ丘寮以外の建物は空襲ですべて焼けてしまったため、自宅を講習所に使うことにしたが、焼け出されて杉野の自宅に（勝手に）住み込んでいる人々の落ち着き先を探して立ち退いてもらう必要もあった。難題を乗り越えて学校再開の見通しが立ったのが一九四五年の年末で、願書受付は一九四六年一月八日からとなった。自分たちを立ち上がらせてくれた生徒がいると言っても、それは東京在住の人のほんの一部であり、地方から敗戦直後の東京にわざわざ洋裁を学びに出てくる人がいるとは、杉野たちには到底思えなかった。「焦土から出直して、果たして芽を吹くことがあるのだろうか」という不安の中、新聞広告も出さず、家の門に貼り紙をしただけで「口づて」で学校再開を伝えることにした。

願書受付の一月八日の朝はとても寒く、「志願者も多くて三十人ぐらい」だろうと予想して、杉野は自宅の玄関で願書を受け付け、受付係として「先生一人に生徒一人」を置いていただけだった。すると一〇〇〇人を超える志願者が集まり目黒駅まで行列ができたため、MPが状況確認のためにジープで駆けつけて来るほどの騒ぎになった。校舎も焼けてしまっておりすべての志願者を受け入れることはできなかったため、閉鎖前に在学していた学生を優先して一〇〇〇人で締め切り、授業は週三日ずつで午前と午後の部にわける四部制にして四月から学校を再開することにしたという。[18]

八月一五日に上京した山野治一

戦後の事業再開の早さはパーマネント業者も同様であった。一九三五年にパーマネント機を導入し、終戦間際まで木炭パーマをかけていた秋田の美容師の中村芳子は、終戦の日前後の状況を次のように回想している。

忘れもしません。昭和二〇年八月一四日夜、秋田の土崎がB29の空襲で火の海になりました。何しろ一三〇機以上の大編隊でした。放心状態でいた八月一五日、パーマをかけに一人のご婦人がいらっしゃいました。目の前がパーッと明るくなり、夢中になって、涙を流しながらパーマを掛けたことを覚えています。終戦第一号でした。[19]

秋田大空襲の翌日に玉音放送を聞いて終戦を知った女性客は、もうパーマネントをかけに来店した。彼女はいったいどのような気持ちでパーマネントをかけに来たのだろうか。今となっては、わからない。しかし彼女の来店は、大空襲と終戦の知らせで茫然としていた中村の心を「パーッと明るく」したという。

パーマネント機製造業者も負けていなかった。パーマネント機を製造販売していた美容家山野愛子の夫の治一は、一九四五年八月一五日に「切符も買わずに」疎開先の長野県辰野から東京の向島の工場まで駆けつけた。工場を一刻も早く再開するためである。着いてみると、パーマネント機の製造に使う型やメッキの道具など機材一切がなくなっており、探したところ下請けの業者が持ちだしてすでに自宅でパーマネント機の製造を始めていた。「モラルが低下していた時代」で、詰め寄っても埒《らち》が明かないため、治一はパーマネント機製造のための機材や古い扇風機のモーターなどを仕入れて辰野に持ち帰った。その部品や機材をいずれ軍需工場にするつもりで買っておいた辰野の印刷工場に持ち込み、パーマネント機の製造を再開した。

パーマ機は東京に運ぶまでもなく、辰野で作るそばから売れてしまいます。噂はどう広がるのか、それこそ北は北海道、南は九州からぞくぞく辰野へ人が集まって来ました。いっぺんに売るほど機械は揃っていませんから、順番制です。そのために駅前の旅館に泊まって、出来上がるのを待っているようなありさまでした。[20]

結局山野一家は終戦の年の一二月に辰野から東京に戻り、中野駅北口から徒歩三分のところに美容院を開いて再出発した。当時はまだ盛り場の銀座も新宿も空襲の被害から立ち直っておらず、銀座の店のあった場所で再開するのは現実的ではなかったようだ。「間口三間、奥行き五間のお店の一階を美容室、二階をパーマネントの技術を教える講習所」にして開店したところ、初日からお客が殺到した。番号札を渡して一階と二階に客を振り分けていくが、連日「開店前に満員」となってしまった。中野駅から美容院まで列ができるほどで、通りがかりの人から「何を売っているのですか」と聞かれるほどだったという。[21]

山野愛子が回想しているように、食糧難の時代で、食べ物を手に入れるために人々は少々遠くても出かけていった。こうした状況の中で、女性たちは美容院でパーマネントをかけてもらうために朝いちばんに行列していた。そして、全国から生徒が集まったため、山野夫婦は杉並区天沼の自宅のそばに寄宿舎を建てて生徒を泊まらせることにした。三週間から五週間のパーマネント機の技術講習を受けた後、生徒たちはパーマネント機を購入して帰って行ったという。[22]

「美」を守った女たち

戦後に女性たちの間でパーマネントが大流行し、急激に洋装化が進んだことは、「アメリカ化」という言葉で従来説明されてきた。戦中から戦後へと続く耐乏生活の中で、アメリカ軍が持ち込んだ物質的な豊かさに憧れた女性たちが、アメリカ的な洋装をして大ブームになったという枠組みである。戦後の女性たちがパーマネントをかけて洋装になったことは、戦中と戦後の文化的な断絶を象徴する現象であると、この枠組みでは考えられてきた。戦時の国粋主義的な文化の中で我慢を強いられてきた女性たちが、戦後の開放的で自由なアメリカ文化の中で初めてパーマネントと洋装を選択した。このように戦中と戦後の断絶を強調する文化史観は、これまで歴史研究ではさまざまな観点から批判されてきた[23]。しかし、「女性にパーマネントを禁止し、モンペを強制した戦時」と、「女性たちがパーマネントをかけ洋装姿になった戦後」という図式そのものは現在でも広く一般に共有されている。

このアメリカ化の枠組みの根本的な問題は、戦後の洋装ブームの原因を、占領軍の文化的影響に還元してしまうという点にある。これまで見てきたように、戦時期にはかなり多くの女性たちが、パーマネントを、そして洋装を、むしろ求め続けていた。美容師たちは防空壕の中でもパーマをかけ続け、パーマネント機が回収された後は木炭パーマをかけていた。奢侈批判の中で洋服をデパートや洋品店で買うのが難しくなると、女性たちは自分で洋服を作るため洋裁学校を目指した。洋裁学校に通えない女性は近所の洋裁学校卒業生に洋裁を習ったり、また洋服を仕立ててもらったりしていた。

戦後の女性のパーマネントブームや広範な洋装化は、戦後急激に流れ込んだアメリカ文化への

「反応」という、いわば外的な要因に還元されるべき問題ではない。女性たち自身が戦時を通じて求め続けたものであり、女性たちの内的な欲求が形となったのが、パーマネントと洋装であったと考えられるのである。先の山野愛子や杉野芳子の回想にもあるように、戦後の女性たちはアメリカ文化が流入し始める前から、パーマネントを求めて店に並び、洋裁学校に入学しようとやって来たのである。

「アメリカ化」という議論のもう一つの問題点は、戦時期に女性洋装文化を広めるために尽力したさまざまな人々の努力が見えなくなってしまうことである。戦時にはすでに女性洋装に関わる文化的職業者とも呼べるような一群の人々が存在していた。美容師、デザイナー、洋裁師など洋服での装いを作ることに直接関わる人や、パーマネント機製造業者、洋服地の輸入業者など広い意味で女性洋装を支える人々、そして洋裁学校や美容学校など職業人を育てていた人々である。さらに周辺には、新聞や婦人雑誌、映画などの媒体を通して女性の洋装を可視化し、その美しさを伝えた人々がいる。女性の一般的な服装が和装だった時代に、記者や編集者、映画産業関係者もまた、写真記事や映画紹介で洋装の女性たちの美しさを伝えた。

これらの文化的職業者は、戦時が進むにつれて戦争を正当化するプロパガンダ的、ないしは戦争協力的な役割を担わされていき、女性の報国的な姿（婦人標準服、淑髪、女子青年団、母親像）がさまざまなメディアで強調されるようになっていった。しかし本書で見たように、その一方で文化的職業者の活動は必ずしも戦争協力に還元されるものでもなかった。美容師は排撃されてもパーマネントを作り続け、洋裁家はモンペを「不格好」と批判し、自分たちの美意識に合う「ズボン」を戦時の女性の活動着として紹介した。「報国」という言葉では必ずしも説明しきれない、美意識にこだわり続ける人々が存在していた。そして女性たちもまた、そうした職業者を支持し、積極的にサポートしていたのである。

洋装美にこだわった女性たち、そしてそれに協力した男性たちは、国家への忠誠心を疑われることになった。戦時にふさわしい服装として国が制定した和洋折衷の婦人標準服を彼女たちが着ることはなかった。「外見」を通じてもっとも明確に国へ恭順を示すことができる服装を、彼女たちは選択しなかったのである。彼女たちがこだわったのは、あくまでも洋装美であり、「正しい服装」ではなかった。そして洋装美にこだわるあまり、女性客たちは「非国民」と名指され、美容師は店に石を投げ込まれ、洋裁家たちは「アメリカニズム」を疑われた。彼女たちの多くは国家が遂行する戦争に反対したわけではない。戦時動員などに積極的に協力したものも多かった。しかし、総動員体制において個人主義が批判される中で、洋装美へのこだわりは、やはり個人主義的に映ったはずである。それでも彼女たちは自分たちの感覚を守ろうとした。彼女たちには、彼女たちの闘いがあった。

1 『読売新聞』一九三八年一月二七日付。
2 三島康七「毛皮動物の新動向」『毛皮動物』三巻一号（一九四〇年一月号）、一〇‐一二頁。
3 犬飼哲夫「世界毛皮界の近況と我が毛皮産業界の将来」『毛皮動物』四巻一号（一九四一年一月号）、一〇‐一三頁。
4 『毛皮動物』四巻二号（一九四一年二月号）、一六‐二〇頁。
5 「『狐の襟巻』悲鳴上ぐ　銀狐値下げで僅か五十円」『毛皮動物』四巻一号（一九四一年一月号）、二八頁。
6 『毛皮動物』五巻三号（一九四二年三月号）、一一頁。
7 『毛皮動物』五巻三号（一九四二年三月号）、一二頁。
8 岩手県美容業環境衛生同業組合『いわて美容物語――岩手県美容業環境衛生同業組合創立30周年記念誌』一九八七年、五一頁。
9 「座談会　パーマ屋と言わず美容師とお呼び下さい」『街　もりおか』一九七一年、一四‐一八頁。
10 岩手県美容業環境衛生同業組合前掲書。
11 板垣邦子『日米決戦下の格差と平等――銃後信州の食糧・疎開』吉川弘文館、二〇〇八年。
12 メイ牛山『きれいな女になあれ――女って、生きるって、こんなに楽しい！』日本教文社、一九九九年。
13 メイ牛山前掲書、一二七‐一二八頁。
14 メイ牛山前掲書、一二九頁。
15 メイ牛山前掲書、一三一頁。
16 小川智子『女が美しい国は戦争をしない――美容家メイ牛山の生涯』講談社、二〇一七年。
17 杉野芳子『炎のごとく――自伝』講談社、一九七六年、一八六‐一八七頁。
18 杉野前掲書、一八九‐一九〇頁。

19 中村芳子『想いはるかなりけり——九九歳の美容人生・思い出しつつ』私家版、一九九八年、四六頁。
20 山野愛子『若くてごめんなさい——美容ひと筋』東京新聞出版局、一九九〇年、八三頁。
21 山野前掲書、八五頁。
22 山野前掲書、八六頁。
23 戦時中と戦後の「断絶」を強調する歴史枠組みに対し、現在では両者の「連続性」を強調する認識枠組みが主流である。戦時中と戦後の「洋裁文化」の連続性という観点からは、井上雅人『洋裁文化と日本のファッション』青弓社、二〇一七年。戦前と戦後のジェンダー規範の連続性については、若桑みどり『戦争がつくる女性像——第二次世界大戦下の日本女性動員の視覚的プロパガンダ』（筑摩書房、一九九五年）、上野千鶴子『ナショナリズムとジェンダー』（青土社、一九九八年）など。

謝辞

本書を執筆するにあたっては、たくさんの方々にお世話になった。この本を書くきっかけとなったのは、二〇一六年のサバティカルの際に客員研究員として法政大学大原社会問題研究所に受け入れてもらったことである。特に大原社研の榎一江先生には、先生が編者となった『戦時期の労働と生活』に誘っていただいたこと、本当に感謝している。また『戦時期の労働と生活』の執筆者の諸先生方には研究会でさまざまな指摘や助言をいただいた。同じく大原社研の鈴木玲先生と藤原千沙先生にも出版に際しては盛大に応援していただき、本当にありがたかった。日本大学の古川隆久先生には、戦時期のパーマネントに関する論文（本書第1、2章の原型）を中央公論新社の編集部に推薦していただいた。明星大学の鵜沢由美子先生、杏林大学の江頭説子先生にも、サバティカルに際していろいろとお世話になった。最後に、中央公論新社の高橋真理子さんには、本書執筆中にあらゆる箇所で的確な助言をいただいた。皆さん、本当にありがとうございました。

第5章　モンペをはくのか、はかないのか

図5－1　国防婦人会のカッポウ着姿　『読売新聞』1934年5月8日
図5－2　モンペ姿の女子青年団を称揚する記事　『読売新聞』1940年11月23日
図5－3　大政翼賛会標語「化粧美より健康美」『朝日新聞』1941年1月20日
図5－4　三越デザイナーの島村フサノによる「悍馬を駆使する颯爽たる騎兵の軍服にヒントを得たツーピース・ドレス」『読売新聞』1937年11月8日
図5－5　同じ号に掲載された女子青年団の記事と白粉の広告　『婦人倶楽部』1938年4月号
図5－6　華やかな化粧で洋装した女性が表紙の『婦人倶楽部』 1939年4月号
図5－7　女性の姿勢を批評する記事　『読売新聞』1939年6月16日
図5－8　「まだいる戦争傍観者」『読売新聞』1943年7月16日
図5－9　「帝都の護りにモンペ部隊」『朝日新聞』1938年8月6日
図5－10　「お嬢さん部隊の防空救護訓練」『読売新聞』1943年5月9日
図5－11　ユニフォーム姿の杉野芳子　『D・M・J会誌』1941年秋号（頁表記なし）
図5－12　ドレスメーカー女学院の報国隊結成式を伝える『D・M・J会誌』1941年秋号
図5－13　国旗掲揚塔を取り囲むドレスメーカー女学院の学生たち『D・M・J会誌』1942年秋号（頁表記なし）
図5－14　工場の模範作業服（1944年）『婦人倶楽部』1944年4月号、44頁
図5－15　おしゃれな女性工員が『婦人倶楽部』の表紙に。1944年7月号

第6章　人々が守ったものは何だったのか

図6－1　疎開先のメイ牛山　メイ牛山『きれいな女になあれ――女って、生きるって、こんなに楽しい！』日本教文社、1999年、127頁

図版一覧

飯田未希

立命館大学政策科学部教授。大阪大学文学部修士号（英文学）。ニューヨーク州立大学バッファロー校修士号（女性学）、博士号（社会学）。専攻は社会学、文化研究、ジェンダー論。論文に「パーマネント報国と木炭パーマ――なぜ戦時中にパーマネントは広がり続けたのか」（『戦時期の労働と生活』法政大学出版会、2018年）など。

非国民《ひこくみん》な女《おんな》たち
――戦時下《せんじか》のパーマとモンペ

〈中公選書 112〉

著　者　飯田未希《いいだみき》

2020年11月10日　初版発行
2021年５月25日　再版発行

発行者　松 田 陽 三

発行所　中央公論新社
〒100-8152　東京都千代田区大手町 1-7-1
電話　03-5299-1730（販売）
03-5299-1740（編集）
URL　http://www.chuko.co.jp/

ＤＴＰ　今井明子

印刷・製本　大日本印刷

Published by CHUOKORON-SHINSHA, INC.
Printed in Japan　ISBN978-4-12-110112-9 C1321
定価はカバーに表示してあります。

中公選書　新装刊

101
ポストモダンの「近代」
――米中「新冷戦」を読み解く
田中明彦著
権力移行は平和的に進むのか。気候変動、貧困問題に世界は対応できるのか。「新しい中世」の提唱から二〇年余、最新の知見と深い洞察が導く国際政治の現在と未来像を提示する。

102
建国神話の社会史
――史実と虚偽の境界
古川隆久著
天照大神の孫が地上に降りて日本を統治し始めた――。『古事記』『日本書紀』の記述が「歴史的事実」とされた時、普通の人々は科学や民主主義との矛盾をどう乗り越えようとしたのか。

103
新版　戦時下の経済学者
――経済学と総力戦
牧野邦昭著
二つの世界大戦という総力戦の時代、経済学者たちの主張や行動はどのような役割を果たし、戦後体制へどんな影響を与えたか。第32回石橋湛山賞受賞作に最新の研究成果を加筆。

104
天皇退位　何が論じられたのか
――おことばから大嘗祭まで
御厨　貴編著
二〇一六年七月のNHKスクープと翌月の天皇ビデオメッセージから三年。平成の天皇は退位し、上皇となった。この間に何が論じられたのか。残された課題は皇位継承だけではない。

中公選書　新装刊

105
〈嘘〉の政治史
——生真面目な社会の不真面目な政治

五百旗頭　薫著

政治に嘘がつきものなのはなぜか。絶対の権力というものがあるとすれば、嘘はいらない。世界中に嘘が横行する今、近現代日本の経験は嘘を減らし、嘘を生き延びるための教訓となる。

106
神道の中世
——伊勢神宮・吉田神道・中世日本紀

伊藤　聡著

神道は神仏習合や密教、禅や老荘思想など、さまざまな信仰や文化を取り込んで自らを形作ってきた。豊穣な中世文化を担った、知られざる神道の姿を最新の研究から描き出す。

107
平成の経済政策はどう決められたか
——アベノミクスの源流をさぐる

土居丈朗著

21世紀最初の二〇年間の日本の経済政策は、財政健全化とデフレ脱却を追求し続けてきたといえる。経済政策の立案に加わった五人の経済学者との対談を通じて今後の課題をあぶり出す。

108
漢字の構造
——古代中国の社会と文化

落合淳思著

漢字の成り立ちと字形の変化の歴史には、古代中国の生活や風習、祭祀儀礼や社会制度などが反映されている。社会と文化の記憶を解き明かす、新しい方法論に基づいた字源研究の成果。

中公選書　新装刊

109
クレメント・アトリー
――チャーチルを破った男

河合秀和著

第二次大戦の勝利の立役者であるチャーチルを抑え、総選挙で圧勝したのはアトリー率いる労働党だった。現在の英国社会の基礎を築くと同時に、帝国を解体したアトリーの本格的評伝。

110
日本近代小説史　新装版

安藤　宏著

文明開化期から村上春樹まで、日本の近代小説をトータルな視点で案内する。最新研究に基づく入門書の決定版。写真図版も多数収録。改版にあたり、「「近代日本文学」の成立」を付した。